Schnicke, schnacke, Schnecke

Genehmigte Sonderausgabe für:
Verlagsgruppe Weltbild GmbH
Steinerne Furt 67, 86167 Augsburg
ISBN 978-3-8289-6238-5
Einkaufen im Internet: www.weltbild.de

© 2010 Esslinger Verlag J. F. Schreiber GmbH
Anschrift: Postfach 10 03 25, 73730 Esslingen
www.esslinger-verlag.de
Alle Rechte vorbehalten

Schnicke, schnacke, Schnecke

Die schönsten Kinderreime und Verse

Zusammengestellt von Nina Strugholz
Mit Bildern von Katrin Oertel

Weltbild

INHALT

Das ist der Daumen

Fingerspiele

Das ist der Daumen   16
Der ist ins Wasser gefallen   16
Das ist das Kleinchen   16
Das ist der Vater   17
Der Erste holt den Topf   17
Dies ist der Daumen Knuddeldick   18
Das ist das dicke Babettchen   19
Der sagt: Ich bin mächtig und reich!   19
Alle meine Fingerlein wollen heute
  fröhlich sein   20
Alle meine Fingerlein wollen heut
  mal fleißig sein   21
Alle meine Fingerlein sollen jetzt
  mal Tiere sein   21
Ich bin ein kleines Stachelschwein   22
Eins, zwei, drei, vier, fünf Matrosen   22
Ein Däumchen dort,
  ein Däumchen hier   23
Zehn kleine Fingerlein   23
Zehn kleine Zappelmänner   24
Zwei kleine Krabbelhände   25
Zippel, zappel, Fingerlein   25
Zwei Hampelmänner aus dem Sack   26
Himpelchen und Pimpelchen   27
Steigt ein Büblein auf den Baum   28
Das ist der kleine Zottelzaum   29
Alle meine Fingerlein wollen heute
  Vögel sein   30
In die Hecke auf ein Ästchen   30

Sonnenblume, Sonnenblume   31
Die beiden Daumen, dick und klein   32
Fährt ein Schifflein übers Meer   32
Mein Häuschen ist nicht gerade   33
Klopfe, klopfe, Hämmerchen   33
Wie das Fähnchen auf dem Turme   33
Fünf Fingerlein schlafen fest   34

Ein Krabbelkäfer geht spazieren

Krabbelverse

Kommt ein Mann die Treppe rauf   36
Ein klitzekleines Zwerglein   36
Da hast 'nen Taler   36
Es war einmal ein Floh   37
Kommt ein Mäuschen   37
Erst kommt der Sonnenkäferpapa   37
Schnicke-Schnacke-Schnecke   38
Schnecke geht spazieren heut   38
Kommt ein Elefant   39
Kommt ein kleines Häschen   39
Ei, wer kommt denn da daher?   39
Ein Krabbelkäfer geht spazieren   40
Ein Krabbelkäfer kommt zu dir   40
Das Krabbeltier   41
Die bösen Beinchen   42
Kennst du vielleicht Dorchen?   43
Kommt ein Flugzeug angeflogen   44

Hoppe, hoppe, Reiter

Kniereiter

Hoppe, hoppe, Reiter   46
Hopp, hopp, ho!   46
Hopp, hopp, hopp zu Pferde   46
Hopp, hopp, hopp   47
Wie reiten die Herren?   48
Ri-ra-rutsch   48
Ich reit, ich reite huckepack   48
Ich bin ein kleine Pony   49
Wenn die Kinder kleine sind   49
Eine kleine Dickmadam   50
Die Bimmelbahn, die ruckelt   50
Schotterfahren, schotterfahren   51
Fährt ein Schiffchen übers Meer   52
Igels machen Sonntag früh   53
Ein lauter Stampfer   53
Am Baum, da hängt ein Ast   54
Geht die Lisa Nüsse schütteln   54
Mühle, Mühle, lauf, lauf, lauf   55
Ist ein Mann in'n Brunnen gefallen   55
Ein Schaukel-, ein Schaukel-, ein Schaukelkind   56
Fichten schaukeln, Linden schaukeln   56
Das Trampeltier   57
Große Uhren machen: tick tack tick tack   58

Schlaf, Kindlein, schlaf

Verse zum Einschlafen und Aufwachen

Wenn der Hahn kräht auf dem Dache   60
Heraus aus den Betten   60
Wenn du schläfst   61
Kommen die Necker   62
Als ich früh erwachte   62
Guten Morgen, ihr Finger   63
Kommt der Papagei   64
Morgenstündchen   64
Guten Morgen, lieber Hampelmann   65
Ich kenn ein kleines Mädchen   66
Husch – husch – husch   67
In unserm alten Apfelbaum   67
Schlaf, Kindlein, schlaf   68
Schlaf, Kindlein, schlaf (Variante von C. Morgenstern)   69
Seht ihr hell den Mond dort stehen?   70
Leise, Peterle, leise   71
Seid leise!   71
Sieben kleine Sterne   72
Wenn die Kinder schlafen ein   73
Kannst du wieder mal nicht schlafen   74
Schlaf, Kindchen, schlaf   74
Damit ihr nun geruhsam schlaft   74
Kühlein und das Kälbchen   75
Schlaf, mein kleines Mäuschen   75
Ich wünsch gute Nacht   76

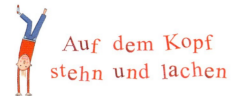

Auf dem Kopf stehn und lachen
Reime für den Kindertag

Salz und Brot   78
Zicke, zacke, Häschen   78
Mutter, gib mir 'n Butterbrot   78
Mein, dein, sein   79
Aua!, schreit der Bauer   79
Wenn mein Kind nicht essen will   80
Bim bam beier   80
Hubschrubschrub, Hubschrabschrab   81
Backe, backe, Kuchen   82
Storch, Storch, Schniebelschnabel   82
Lirum, Larum, Leier   82
Charlotte Kompotte Naschmajor   83
Petersilie, Suppenkraut   83
Hier wie da   84
Was wollen wir machen?   84
Ringel, Ringel, Reihe   85
Brüderchen, komm tanz mit mir   85
Tuff, tuff, tuff, die Eisenbahn   85
Puppendoktor   86
Grüß Gott, grüß Gott   86
Guten Tag, Frau Hoppsassa   86
Punkt, Punkt, Komma, Strich   87
Du bist ein kleiner Nackedei   88
Eins, zwei, drei, vier, fünf   89
Die Waschlappenviecher   89
Seereise   90

Liebe Sonne, komm heraus
Verse für das ganze Jahr

Es war eine Mutter   92
Drei Rosen im Garten   92
Januar, Februar, März, April   93
Lieber, guter Osterhas   94
Osterhäschen, komm zu mir   94
Ich schenke dir ein Osterei   94
Liebe, liebe Sonne   94
April, April, April   95
Liebe Sonne, komm heraus   95
Mairegen bringt Segen   95
Trarira, der Sommer, der ist da   96
Wenn's warm ist im Sommer   97
Erdbeer, Himbeer, Heidelbeer   97
Der Sommer, der Sommer   97
Bunt sind schon die Wälder   98
Es regnet, es regnet   99
Regen, Regentröpfchen   99
Es schneit, hurra, es schneit!   100
Morgen woll'n wir Schlitten fahren   100
Wenn's schneit, wenn's schneit   101
Advent, Advent, ein Lichtlein brennt   102

Heile, heile Gänschen
Trösteverse

Heile, heile Segen, drei Tage Regen 104
Heile, heile Segen, morgen gibt es Regen 104
Heile, heile Gänschen 104
Heile, heile Kätzchen 104
Wo tut's weh? Hol ein bisschen Schnee 105
Wo tut's weh? Trink ein Schlückchen Tee 105
Vögel, die nicht singen 106
Denkt euch nur, der Frosch ist krank! 106
Ich erzähl ein Märchen 107
Der kleine Hase 107
Hokuspokus Sahnesoß 108
Sagt Hexe Minchen zu der Katze 108
Indianer nehmen sich ein Herz 109
Mäh, Lämmchen, mäh! 110
Was fehlt dem kleinen Rehlein? 110
Ise bise bitzchen 111
Heile, Fingerlein, heile 111
Ein paar Tröpfchen 111
Husten, Schnupfen, Heiserkeit 112
Sehr geehrtes Fräulein Schnupfen 112
Beinah hätten wir's vergessen 113
Lass dich nur nicht traurig machen 114
Schweres wird leicht 114

Auf die kranke Wade 115
Das Tränentier ist nicht von hier 116
Ein Elefant mit Namen „Triste" 116
Tränensalz, Butterschmalz 116
Grusel, grusel, Furcht und Schreck 117
Alles mühsam, alles Last 118
Hokuspokus Fidibus 118
Hans im Schneckenloch 118
Der Müller tut mahlen 119
Auf meinem Schoß ein Kummerkloß 119
Hör doch auf zu weinen 120

Ene mene miste
Abzählreime

Ene mene miste 122
Ene mene Rätsel 122
Ene mene muh 122
Ringel, Rangel, Rose 122
Lirum, Larum, Löffelstiel 122
Itzen ditzen Silberschnitzen 122
Ene mene Mütze 123
Ene mene ming mang 123
Ene mene mopel 123
Ene mene Wasserfass 123
Hicke, hacke, Hasenlauf 123
Eins, zwei, drei, im Wasser schwimmt ein Hai 124
Eins, zwei, drei, vier, Finkenstein 124

Eins, zwei, drei, vier, fünf, der Storch hat rote Strümpf' 124
Eins und zwei und drei und vier, sapperlot, was gibt es hier? 124
Eins, zwei, drei, vier, fünf, sechs, sieben, eine alte Frau kocht Rüben 125
Eins, zwei, drei, vier, fünf, sechs, sieben, Fußballspielen muss man üben 125
1, 2, Polizei 125
Eins, zwei, drei, vier 125
Ich und du 126
Ritz und Ratz 126
Hexe Minka 126
Muh, muh, muh 126
Schnicke, schnacke, Schnecke 127
Im Garten steht ein Vogelhaus 127
Eine kleine Mickymaus 127
Eine kleine Piepmaus 127
Sieben Ziegenböckchen 128
Summe, summe, brumm, brumm 128
Bille, balle, malle 128
Rolle, rolle, Möpschen 128
Oberpoppel Hoppelhase 129
Der Kreis ist rund 129
Humpel, wackel, zwackel 129
Schimme, schamme, Scheibenkleister 130
Mein Finger geht im Kreise 130
Eins, zwei, drei 130
Es war einmal ein Männchen 131
Mitsche Matsche Motsche Mi 131
Auf einem Gummi-Gummi-Berg 132

Eins, zwei, drei, vier, fünf, sechs, sieben

Zahlenreime

1 – 2 – 3 – 4 – 5 – 6 – 7   134
1 – 2 – 3, Kaffee trinkt Marei   135
Eins, zwei, drei, vier, fünf, sechs, sieben, eine Bauersfrau kocht Rüben 135
Ein Hahn 136
Beine hat ein jedes Tier 136
Die drei Spatzen 137
Eins, zwei, drei, vier, fünf, sechs, sieben, wo ist nur mein Freund geblieben? 138
Eins, zwei, drei, vier, fünf, sechs, sieben, ein Tiroler hat geschrieben 138
Alle meine Siebensachen 139
1, 2, 3, 4, 5, Stiefel, Schuh & Strümpf 140
Morgens früh um sechs 141
Da oben auf dem Berge 142
Eins, zwei, drei, vier, sieben 143
Jeden Abend im April 144

ABC, die Katze lief im Schnee

Sprachspaß

Das A und das B   146
A B C, die Katze lief im Schnee   146
Der letzte Buchstabe   147

Frau von Hagen   148
Sieben kleine Hasen   148
Ein Murmeltier zum Murmeltier   149
Das ästhetische Wiesel   150
A, E, I, O, U   151
Sieht der Dreckspatz im Dreck Speck   152
Klitzekleine Kinder   152
Blaukraut bleibt Blaukraut   152
Fischers Fritz   152
Zwischen zwei Zwetschgenzweigen   152
Das Schleimschwein   152
Zwanzig Zwerge zeigen Handstand   153
Auf den sieben Robbenklippen   153
Wenn Schnecken an Schnecken schlecken   153
Zehn zahme Ziegen   153
Im meinem Schuh ich Strandsand fand   154
Menschen mögen Möwen leiden   154
Es sprach der Herr von Rubenstein   154
In der ganzen Hunderunde   154
Es klapperten die Klapperschlangen   155
Die Boxer aus der Meisterklasse   155
Es war einmal ein braver Hai   155
Der dicke Diener   156

Im Mondenschein ein Stachelschwein
Quatsch mit Soße

Es war mal ein Nashorn in Bremen   158
Ein Huhn, das fraß, man glaubt es kaum   158
Marianne hat 'nen Floh   159
Ganz allein auf einem Bein   159
Eine Kuh, die saß im Schwalbennest   159
So geht es im Lande der Riesen   160
So geht es im Lande der Zwerge   161
Des Abends, wenn ich früh aufsteh   162
Dunkel war's, der Mond schien helle   163
Am einunddreißigsten Februar   164

Alphabetisches Verzeichnis der Reime   167
Literaturverzeichnis   171
Quellenverzeichnis   172

Das ist der Daumen

Fingerspiele

Das ist der Daumen,
der schüttelt die Pflaumen,
der sammelt sie auf,
der trägt sie nach Haus,
und der kleine Wicht
isst sie alle auf.

*Zuerst den Daumen und dann
der Reihe nach die anderen
Finger antippen. Den kleinen
Finger leicht schütteln.*

Der ist ins Wasser gefallen,
der hat ihn herausgeholt,
der hat ihn ins Bett gesteckt,
der hat ihn gut zugedeckt,
und der kleine Schelm
hat ihn wieder aufgeweckt.

*Zuerst den Daumen und dann
der Reihe nach die anderen
Finger antippen.*

Das ist das Kleinchen,
das ist das Beinchen,
das ist der lange Mann,
das ist der Zeigemann,
das ist der dicke Mann,
der so schön nicken kann.

*Zuerst den kleinen Finger
und dann der Reihe
nach die anderen Finger
antippen.*

Das ist der Vater, lieb und gut,
das ist die Mutter mit dem Federhut,
das ist der Bruder, stark und groß,
das ist die Schwester mit dem Püppchen auf dem Schoß,
das ist das jüngste Kindelein,
und das soll die ganze Familie sein.

Zuerst den Daumen und dann der Reihe nach die anderen Finger antippen. Beim letzten Vers winken.

Der Erste holt den Topf,
der Zweite holt die Milch,
der Dritte holt den Zucker,
der Vierte holt das Ei,
und der Kleine isst den süßen Brei.

Zuerst den Daumen und dann der Reihe nach die anderen Finger antippen.

Dies ist der Daumen Knuddeldick,
das sieht man auf den ersten Blick.
Mach ich die Hand zur Faust,
kriecht Knuddeldick ins Haus.
Der Zeigefinger, der ist klug,
der droht, wenn jemand Böses tut,
bringt unser Kind zum Lachen
beim Kille-kille machen.
Der Dritte ist der Größte hier,
viel länger als die andern vier.
Da kann er schön bewachen,
was seine Brüder machen.
Der Vierte ist ein eitles Ding,
der trägt am liebsten einen Ring
und schmückt er sich zum Feste,
denkt er, er wär der Beste.

Von allen Fingern kommt zum Schluss
der winzig kleine Pfiffikus.
Der wedelt mit dem Schwänzchen
beim frohen Fingertänzchen.

Mit dem Daumen wackeln und ihn dann in der Faust verstecken. Mit dem Zeigefinger drohen und ihn krümmen. Auf den Mittelfinger zeigen und dem Ringfinger einen gedachten Ring anstecken. Zum Schluss mit dem kleinen Finger wackeln.

Ich bin mächtig und reich!

Das ist das dicke Babettchen,
das will nie ins Bettchen.
Das ist die Elfriede,
die ist auch nie müde.
Das ist der lange Klaus,
der muss noch mal raus.
Der Peter unterdessen,
der muss noch was essen.
Nur unser Kleiner, lieb und nett,
nimmt Teddy ans Beinchen
und geht ins Bett.

Beim Daumen beginnen und der Reihe nach mit den Fingern wackeln. Zum Schluss den kleinen Finger in der Faust verstecken.

Der sagt: Ich bin mächtig und reich!
Der sagt: Ich bin der Wüstenscheich!
Der sagt: Ich bin der Nikolaus!
Der sagt: Ich bin die kleine Maus!
Der Kleine sagt: Ich glaub, ihr spinnt!
Ihr wisst doch, dass wir alle Finger sind!

Beim Daumen beginnen und der Reihe nach alle Finger antippen. Zum Schluss mit allen Fingern wackeln.

5

Ihr spinnt!

Alle meine Fingerlein
wollen heute fröhlich sein.
Sie gehen auf ein Faschingsfest,
keiner auf sich warten lässt.
Jeder eilet, eins, zwei, drei –
ist beim Faschingsfest dabei.
An der Spitze, ganz voran,
geht der lustige Hampelmann.
Hier Prinzessin Tausendschön,
mit dem Prinzen will sie gehn.
Seht, die Hexe Hinkeviel
mit dem Zauberbesenstiel.
Und dahinter seht ihr auch
einen Clown mit dickem Bauch.
Und zum Schluss, in letzter Reih'
ist ein Zwerglein mit dabei.

Zunächst mit allen Fingern zappeln und sie über den Tisch laufen lassen. Dann beim Daumen beginnend der Reihe nach alle Finger antippen und mit ihnen wackeln.

Kostümfest

Alle meine Fingerlein
wollen heut mal fleißig sein.
Der Daumen ist der Bäcker,
sein Kuchen schmeckt sehr lecker,
der Zeigefinger Bauersmann,
der richtig Kühe melken kann,
der Mittelfinger Astronaut,
der immer zu den Sternen schaut,
der Ringfinger setzt Stein auf Stein,
das kann doch nur ein Maurer sein.
Der kleine Finger ruft: „Oh nein!
Zum Arbeiten bin ich noch zu klein!"

Beim Daumen beginnen und der Reihe nach auf die einzelnen Fingern zeigen. Zum Schluss mit dem kleinen Finger wackeln.

Alle meine Fingerlein
sollen jetzt mal Tiere sein.
Der Daumen dick und rund
ist der große Schäferhund.
Zeigefinger ist ein Pferd,
das die Kinder reiten lehrt.
Mittelfinger ist die Kuh,
die gibt uns Milch ohne Rast und Ruh.
Ringfinger ist das Schwein
mit den kleinen Ferkelein.
Der kleine Finger ritze-ratz
ist die weiße Mietzekatz.
Doch nun in den Stall hinein,
denn es wird bald dunkel sein.

Beim Daumen beginnen und der Reihe nach mit den Fingern wackeln. Zum Schluss alle Finger in der Faust verstecken.

Ich bin ein kleines Stachelschwein
und ziehe meine Stacheln ein.
Erst eins, dann zwei, dann drei,
dann vier, dann fünf,
dann streck ich's wieder aus
und laufe schnell nach Haus.

*Nacheinander die Finger zur Faust
ballen, dann wieder ausstrecken. Zum
Schluss die Finger weglaufen lassen.*

Eins, zwei, drei, vier, fünf Matrosen
werden jetzt auf Reisen gehn,
eins, zwei, drei, vier, fünf Matrosen
wollen sich die Welt ansehn.
Der Daumen ist als Koch dabei,
am Mittag gibt's Spinat und Ei.
Der Zeigefinger, dass ihr's wisst,
reist auf dem Schiff als Maschinist.
Der Mittelfinger, seht mal an,
ist unser langer Steuermann.
Ringfinger ist der Kapitän,
muss immer nach dem Rechten sehn.
Zum Schluss, da springt noch frech und keck
auch die Lena* auf das Deck.

** Den Namen des Kindes einsetzen.
Mit dem jeweils genannten Finger wackeln.*

Ein Däumchen dort, ein Däumchen hier,
zwei Zeiger dran, dann sind es vier.
Zaubern kann ich wie 'ne Hex',
zwei gib dazu, dann sind es sechs.
Dann stehn die Goldner, habt schön acht,
sind der Fingerlein schon acht.
Ihr Kleinen, lasst euch auch noch sehn!
Sind alle da, dann hab ich zehn.

Beide Hände zu Fäusten ballen und bei den Daumen beginnend nacheinander die Finger ausstrecken.

Zehn kleine Fingerlein,
die gehen nun ins Bett.
Zehn kleine Fingerlein,
die machen sich's jetzt nett.
Eins, zwei, drei, vier, fünf,
sie ziehen aus die Strümpf,
sechs, sieben, acht,
sie sagen „Gute Nacht"
und noch neun und zehn,
bevor sie schlafen gehn.

Zehn kleine Zappelmänner
zappeln hin und her,
zehn kleinen Zappelmännern
fällt das gar nicht schwer.
Zehn kleine Zappelmänner
zappeln auf und nieder,
zehn kleine Zappelmänner
tun das immer wieder.
Zehn kleine Zappelmänner
zappeln rundherum,
zehn kleinen Zappelmännern
wird das gar nicht dumm.
Zehn kleine Zappelmänner
spielen gern Versteck,
zehn kleine Zappelmänner
sind auf einmal weg!

Beide Hände hochhalten und die Finger dem Text folgend zappeln lassen. Am Schluss die Hände hinter dem Rücken verstecken.

Zwei kleine Krabbelhände
krabbeln übers Land,
zwei kleine Krabbelhände
machen sich bekannt.
Zwei kleine Krabbelhände
denken sich was aus,
zwei kleine Krabbelhände
bau'n ein Fingerhaus.

Zippel, zappel, Fingerlein,
wollen gar nicht stille sein,
zappeln hin und zappeln her
und geben keine Ruhe mehr.
Fingerlein, jetzt aber still,
weil ich euch was sagen will:
Noch mal hin, noch mal her,
doch jetzt gibt's kein Gezappel mehr!

Zwei Hampelmänner aus dem Sack!
Der eine heißt Schnick,
der andere Schnack.
Schnick hat ein Krönchen
und Schnack einen Kranz
und beide gehen zum lustigen Tanz.
Sie tanzen so manierlich,
die Schrittchen sind so zierlich.
Zuletzt gehn Schnick und Schnack
zurück in ihren Sack!

*Die Daumen sind die Hampelmänner
und schauen aus den Fäusten heraus.
Sie tanzen miteinander und verschwinden
dann wieder in den Fäusten.*

Himpelchen und Pimpelchen stiegen auf einen Berg.
Himpelchen war ein Heinzelmann, Pimpelchen ein Zwerg.
Sie blieben lange dort oben sitzen
und wackelten mit ihren Zipfelmützen.
Doch nach 52 Wochen
sind sie in den Berg gekrochen.
Dort schlafen sie in süßer Ruh',
seid fein still und hört gut zu.

Beide Hände zu Fäusten ballen. Der rechte Daumen ist Himpelchen, der linke Pimpelchen. Die Daumen emporstrecken, und abwechselnd nach oben bewegen. Dann die Hände zur Zipfelmütze formen und über den Kopf halten. Abschließend die Daumen in die Fäuste schieben, die Hände an die Wange legen und schnarchen.

Steigt ein Büblein auf den Baum,
steigt so hoch, man sieht es kaum.
Hüpft von Ast zu Ästchen,
bis zum Vogelnestchen.
Ei, da lacht es,
hui, da kracht es,
plumps, da liegt es unten.

Der linke Arm ist der Baum und wird senkrecht aufgestellt, die Finger als Äste ausgestreckt. Die rechte Hand klettert hinauf, tippt alle Finger an und fällt am Schluss herunter.

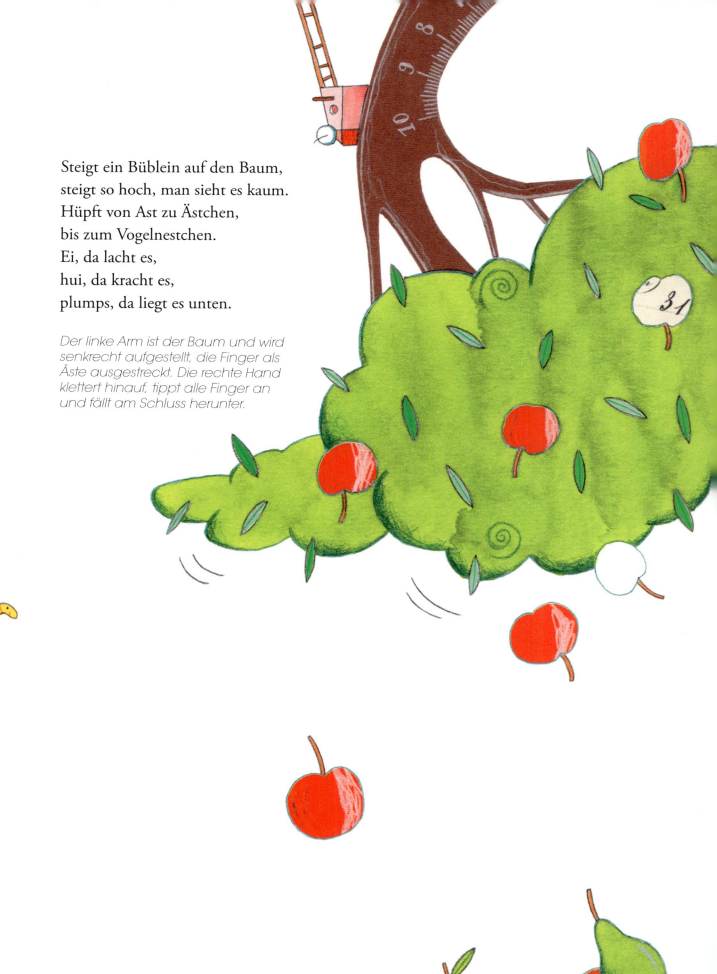

Das ist der kleine Zottelzaum,
das ist der große Apfelbaum.
Zottelzaum hüpft von Ast zu Ast,
hat alle Äpfel angefasst.
Da kam der große Pustewind,
da wackelt der Apfelbaum,
da zappelt der Zottelzaum,
und plums, da liegt er unten.

Der rechte Zeigefinger ist Zottelzaum, die linke Hand ist der Apfelbaum. Der Zeigefinger hüpft von Finger zu Finger der linken Hand. Dann die linke Hand anpusten, sie wackelt, der Zeigefinger zappelt. Zum Schluss das Kind kitzeln.

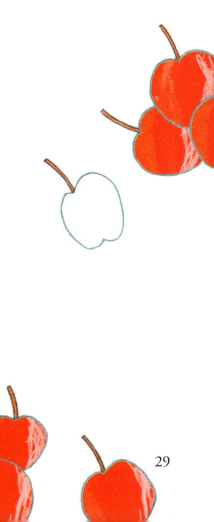

Alle meine Fingerlein
wollen heute Vögel sein.
Sie fliegen hoch, sie fliegen nieder,
sie fliegen fort, sie kommen wieder,
sie bauen sich im Wald ein Nest,
dort schlafen sie dann tief und fest.

Die Hände flattern herum und landen dann auf dem Kopf des Kindes. Dort bilden sie ein Nest. Abschließend sanft über den Kopf streicheln.

In die Hecke auf ein Ästchen
baut ein Vogel sich ein Nestchen,
legt hinein zwei Eierlein,
brütet aus zwei Vögelein.
Rufen die Kinder:
„Piep, piep, piep.
Mütterlein, du bist uns lieb."

Die Hände bilden das Nest, die Daumen liegen als Eier darin. Dann schauen die Daumen als Vögel über den Nestrand.

Sonnenblume, Sonnenblume, steht an unserm Gartenzaun.
Außen hat sie gelbe Blätter, innen ist sie braun.
Kommt ein Vöglein angeflogen, hat gar Hunger sehr:
„Bitte, liebe Sonnenblume, gib mir Körner her."
Und die Sonnenblume gibt dem Vogel Körnlein ohne Zahl.
„Danke, liebe Sonnenblume, bis zum nächsten Mal!"

Die linke Hand mit ausgestreckten Fingern ist die Sonnenblume. Mit der rechten Hand erst auf die Finger (Blätter) zeigen, dann auf die Handinnenfläche. Nun wird die rechte Hand zum Vogel. Alle fünf Fingerspitzen werden aneinandergelegt, sie berühren die Innenfläche der linken Hand und fliegen am Ende weiter.

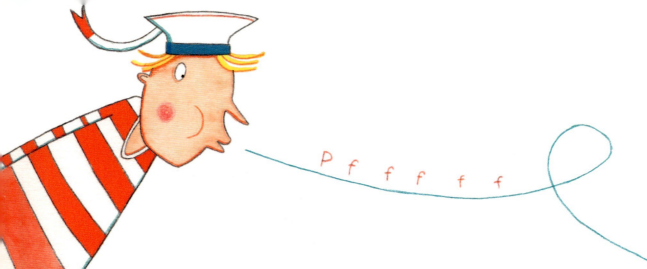

Die beiden Daumen, dick und klein,
die stiegen in ein Schiff hinein.
Das Schifflein fuhr hinaus auf's Meer,
das freute uns're Däumchen sehr.
Auf einmal kam der Wind daher
und blies und blies ins weite Meer,
die Wellen wogten rings herum,
sie warfen fast das Schifflein um.
Da ward's den Däumchen bang zumut:
„Ach lieber Wind, sei doch so gut
und stell das dumme Blasen ein,
wir fürchten uns so ganz allein."
Da blies der gute Wind nicht mehr
und schickte Sonnenschein aufs Meer.
Die Däumchen fuhren heim geschwind
und sagten: „Schönen Dank, Herr Wind."

Die Handflächen mit leicht gebeugten Fingern als Kahn aneinanderlegen. Die Daumen nach oben strecken. Den Kahn erst leicht, dann immer stärker schaukeln lassen und darüberpusten. Am Schluss wieder nachlassen und mit den Daumen wackeln.

Fährt ein Schifflein übers Meer,
wackelt hin und wackelt her.
Kommt ein frischer Wind,
fährt das Schiff geschwind.
Kommt ein starker Sturm daher,
schüttelt er das Schiffchen sehr.
Und auf einmal, bum,
fällt das Schiffchen um.

Die Handflächen wie links als Kahn aneinanderlegen und pusten. Der Kahn schwankt erst leicht, dann immer stärker, bis er zuletzt kentert.

Mein Häuschen ist nicht gerade –
das ist aber schade.
Mein Häuschen ist ein bisschen krumm –
das ist aber dumm!
Bläst der Wind hinein,
fällt das Häuschen ein.

Die Hände wie ein Dach zusammenlegen und das Kind kräftig pusten lassen, dann fällt das Häuschen ein.

Klopfe, klopfe, Hämmerchen,
steig hinauf ins Kämmerchen,
steig hinauf ins Taubenhaus,
flattern alle Tauben raus.

Die Hände zur Faust ballen und sie übereinandertürmen. Zum Schluss flattern die Hände davon.

Wie das Fähnchen auf dem Turme
sich kann drehn bei Wind und Sturme,
so soll sich mein Händchen drehn –
das ist lustig anzusehn.

Einen Ellbogen aufstellen und die Hand hin und her drehen.

Fünf Fingerlein schlafen fest
wie die Vöglein in ihrem Nest.
Sie haben geschlafen die ganze Nacht
und sind auch am Morgen nicht aufgewacht.
Da lacht die Sonne vom Himmel herunter
der Daumen, der Dicke, wird als Erster munter.
Er reckt sich und streckt sich, dann ruft er erfreut:
„Guten Tag, liebe Sonne, schön ist es heut!"
Dann klopft er dem Nachbarn auf die Schulter ganz sacht:
„He, Kinder, aufgewacht!"
Der Zeigefinger ruft: „Was soll das heißen?
Mich so aus dem besten Schlaf aufzureißen!"
Dann sieht er die Sonne und ruft erfreut:
„Guten Tag, liebe Sonne, schön ist es heut!"
Da haben die beiden getanzt und gelacht,
davon sind die anderen auch aufgewacht.
Dann nicken sie alle und rufen erfreut:
„Guten Tag, liebe Sonne, schön ist es heut!"

Eine Hand zur Faust ballen, dazu schnarchen. Den Daumen ausstrecken, räkeln und auf den noch geschlossenen Zeigefinger tippen, auch der reckt und streckt sich. Schließlich alle Finger strecken und winken.

Ein Krabbelkäfer geht spazieren

Krabbelverse

Kommt ein Mann die Treppe rauf.
Klopft an.
Guten Tag, Herr Nasemann.

Mit zwei Fingern den Arm des Kindes herauflaufen, sacht auf die Stirn klopfen und mit zwei Fingern an der Nase wackeln.

Ein klitzekleines Zwerglein
klettert auf ein Berglein,
rutscht dann froh und munter
das Berglein wieder runter.

Eine Hand klettert am Arm des Kindes hoch und rutscht am Schluss wieder herunter.

Da hast 'nen Taler,
geh auf den Markt,
kauf dir 'ne Kuh,
Kälbchen dazu.
Das Kälbchen
hat ein Schwänzchen:
Dideldideldänzchen!

Die flache Hand des Kindes streicheln, zum Schluss kitzeln.

Es war einmal ein Floh,
der hüpft herum ganz froh,
und weil er dich so mag,
sagt er dir Guten Tag.

Den Zeigefinger auf dem Körper herumhüpfen lassen, dem Kind zum Schluss die Hand schütteln.

Kommt ein Mäuschen,
baut ein Häuschen.
Kommt ein Mückchen,
baut ein Brückchen.
Kommt ein Floh,
der macht – so!

Die Bauwerke mit den Händen formen und zum Schluss das Kind kitzeln.

Erst kommt der Sonnenkäferpapa,
dann kommt die Sonnenkäfermama,
und hinterher, so klimperklein,
die Sonnenkäferkinderlein.
Sie haben rote Röckchen an,
mit kleinen schwarzen Punkten dran
und machen ihren Sonntagsgang
auf unsrer Fensterbank entlang.

Die Finger wandern erst den einen, dann den anderen Arm des Kindes hoch und krabbeln schließlich immer schneller auf dem Bauch herum.

Schnicke-Schnacke-Schnecke,
kriechst dort um die Ecke.
Langsam, langsam kommst du her,
oh, dein Häuslein, das ist schwer.
Schnick-Schnack-Schneck,
kommst gar nicht vom Fleck.

*Langsam schiebt sich die Schnecke
über den Körper des Kindes.*

Schnecke geht spazieren heut,
das schöne Wetter macht ihr Freud'.
Sie hat die Fühler ausgestreckt,
doch ach – jetzt hat sie mich entdeckt!
Sie zieht vor Angst die Fühler ein
und kriecht ins Schneckenhaus hinein.

*Die rechte Hand zur Faust ballen und
umherwandern lassen. Zeige- und
Mittelfinger als Fühlerpaar ausstrecken
und wieder einziehen. Die rechte
Hand kriecht in die linke, die das
Schneckenhaus bildet.*

Kommt ein Elefant
übers Bein gerannt,
zwickt dich schnell ins Knie,
dieses freche Vieh.
Gibt dir noch zum Schluss
auf den Bauch 'nen Kuss.

Mit den Fingern über das Bein des Kindes krabbeln und einen Kuss auf den Bauch geben.

Kommt ein kleines Häschen,
das gibt deinem Näschen
mit viel Genuss
einen Nasen-Hasen-Kuss.

Mit den Fingern den Körper entlangkrabbeln, am Kinn kitzeln und schließlich Nase an Nase reiben.

Ei, wer kommt denn da daher?
Ist das nicht ein brauner Bär?
Oder gar ein Elefant
aus dem fernen Morgenland?
Nein, es ist ein kleines Mäuschen,
traut sich raus aus seinem Häuschen.
Ei, wo ist es, sag es doch!
Hier ist das kleine Mauseloch!

Bär und Elefant krabbeln langsam über den Körper des Kindes, das Mäuschen schneller. Ein Ärmel oder eine Hosentasche ist das Mauseloch.

Ein Krabbelkäfer geht spazieren:
Er krabbelt am Füßchen,
er kitzelt am Knie,
dann krabbelt er weiter und lacht: hihi!
Wo will er denn hin?
Zum Bäuchlein, zum Kinn,
über die Backen.
Und dann will er dich in die Nase zwacken!

*Die Finger krabbeln über die genannten
Körperteile des Kindes. Zum Schluss leicht in
die Nase zwicken.*

Ein Krabbelkäfer kommt zu dir,
krabbelt da und krabbelt hier,
schaut dir dann beim Lachen zu,
fragt zum Schluss: „Wer bist denn du?"

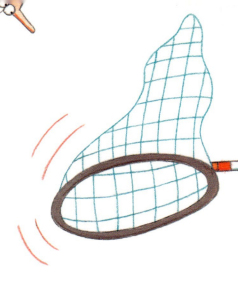

Das Krabbeltier,
das Krabbeltier,
was will das Tier
denn bloß von dir?
Dich packen,
dich zwacken,
dich locken,
dich schocken,
dich zwicken,
dich picken,
dich knuffen,
dich puffen.
Das Krabbeltier,
das Krabbeltier,
das Kriechtier –
das schnapp' ich mir!

Eine Hand ist das Krabbeltier und krabbelt über Arme und Beine, Rücken und Bauch. Sie zwackt ganz sanft und treibt Unsinn, bis das Krabbeltier von der anderen Hand gefangen wird.

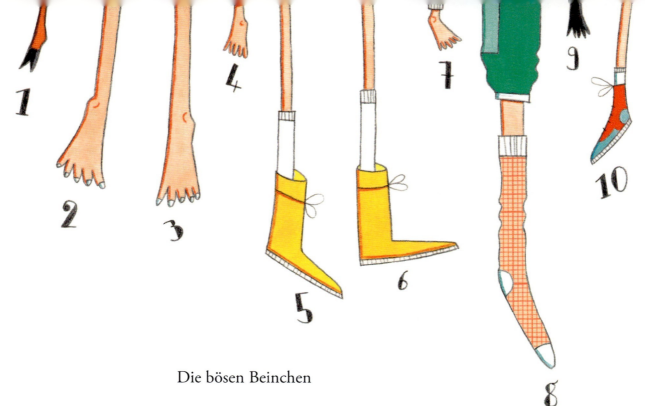

Die bösen Beinchen

Guten Morgen, ihr Beinchen,
wie heißt ihr denn?
Ich heiße Hampel
und ich heiße Strampel,
und das ist Füßchen Übermut
und das ist Füßchen Tunichtgut.
Übermut und Tunichtgut
gehen auf die Reise,
‚Patsch' durch alle Sümpfe,
nass sind Schuh und Strümpfe.
Guckt die Rute um die Eck,
laufen sie alle beide weg.

Paula Dehmel

Die Füße des Kindes in die Hände nehmen und abwechselnd strampeln lassen, am Ende schnelles Laufen andeuten.

Kennst du vielleicht Dorchen?
Ihre Schwester Lorchen?
Oder Hündchen Timmi?
Oder Kätzchen Mimmi?
Die gehn jetzt zu vieren
im Walde spazieren.

Dorchen ist das rechte Ohr, Lorchen das linke, Timmi und Mimmi sind die Augenbrauen. Die entsprechenden Körperstellen werden sanft gestreichelt. Zum Schluss mit vier Fingern auf der Stirn des Kindes herumwandern.

Kommt ein Flugzeug angeflogen,
hoch, ganz hoch, in weitem Bogen.
Senkt sich auf die Erde nieder,
kreist noch einmal hin und wieder,
rollt dann auf der Rollbahn aus.
Kommt, ihr Leute, steigt jetzt aus!

Daumen und kleinen Finger als Flugzeug abspreizen, das dreht Kreise, landet dann auf dem Bauch des Kindes, dort krabbeln die Finger umher.

Hoppe, hoppe, Reiter

Kniereiter

Hoppe, hoppe, Reiter,
wenn er fällt, dann schreit er.
Fällt er in den Graben,
dann fressen ihn die Raben.
Fällt er in die Hecken,
dann fressen ihn die Schnecken.
Fällt er in den Sumpf,
dann macht der Reiter PLUMPS!

Hopp, hopp, ho!
Das Pferdchen frisst kein Stroh,
musst dem Pferdchen Hafer kaufen,
dass es kann im Trabe laufen.
Hopp, hopp, ho!
Das Pferdchen frisst kein Stroh.

Hopp, hopp, hopp zu Pferde,
wir reiten um die Erde.
Die Sonne reitet hintendrein,
wie wird sie abends müde sein.
Hopp, hopp, hopp!

Hopp, hopp, hopp,
Pferdchen, lauf Galopp!
Über Stock und über Steine,
aber brich dir nicht die Beine.
Hopp, hopp, hopp,
Pferdchen, lauf Galopp!

Tipp, tipp, tapp,
wirf mich ja nicht ab!
Zähme deine wilden Triebe,
Pferdchen, tu es mir zuliebe.
Tipp, tipp, tapp,
wirf mich ja nicht ab!

Brr, brr, he,
steh doch, Pferdchen, steh!
Sollst noch heute weiterspringen,
muss dir nur erst Futter bringen.
Brr, brr, he,
steh doch, Pferdchen, steh.

Ja, ja, ja,
wir sind wieder da!
Schwester, Vater, liebe Mutter,
findet auch mein Pferdchen Futter?
Ja, ja, ja, ja, ja,
wir sind wieder da!

Wie reiten die Herren?
Trab, trab, trab!
Wie reiten die Bauern?
Stup, stup, stup!
Wie reitet der junge Edelmann
mit seinem Pferdchen hintendran?
Galepper, galepper, galepper!
Wie reitet das kleine Jungfräulein
auf seinem schönen Schimmelein?
Hittepitte, hittepitte –
bums! In den Graben rein!

Bei jedem Reiter wird mit den Knien eine andere Bewegung gemacht. Zum Schluss fällt das Kind hinunter.

Ri-ra-rutsch,
wir fahren mit der Kutsch!
Wir fahren mit der Schneckenpost,
wo es keinen Pfennig kost'!
Ri-ra-rutsch,
wir fahren mit der Kutsch!

Ich reit, ich reite huckepack,
mein Schimmel ist die Grete,
ich bin der kleine Postillion
und blase die Trompete.

Ich bin ein kleines Pony,
mein Reiter, der heißt Conny.
Ruft Conny einmal HOPP,
dann laufe ich Galopp.

Ich bin ein kleines Pony,
mein Reiter der heißt Conny.
Wird mir die Puste knapp,
dann laufe ich im Trab.

Ich bin ein kleines Pony,
mein Reiter der heißt Conny.
Und komm ich nicht mehr mit,
dann laufe ich im Schritt.

Ich bin ein kleines Pony,
mein Reiter der heißt Conny.
Und bin ich richtig schlapp,
dann werf ich Conny ab.

Die Bewegungen der Knie dem Tempo des Ponys anpassen. Am Ende das Kind durch die Beine fallen lassen.

Wenn die Kinder kleine sind,
reiten sie auf Knien geschwind.
Wenn sie aber größer werden,
reiten sie auf richtigen Pferden.
Geht das Pferdchen dann im Trab,
fällt der Reiter leider ab.

Eine kleine Dickmadam
fuhr mal mit der Eisenbahn.
Eisenbahn, die krachte,
Dickmadam, die lachte.
Lachte bis der Schutzmann kam
und sie mit zur Wache nahm.

Die Bimmelbahn, die ruckelt.
Die Bimmelbahn, die schuckelt.
Die Bimmelbahn, die zuckelt.
Die Bimmelbahn hat ihren Reiz.
Die Bimmelbahn fährt durch die Schweiz.

Schotterfahren, schotterfahren,
auf dem alten Schotterkarren.
Erst die kleinen, feinen Steine,
dann die großen, die so stoßen,
dann wird abgeladen.

Fährt ein Schiffchen übers Meer,
schaukelt hin, schaukelt her.
Kommt ein starker Sturm
wirft das Schiffchen um.

*Das Kind schaukelt auf den Knien,
bis es mit einem großen PLATSCH
hinunterfällt.*

Igels machen Sonntag früh
eine Segelbootpartie.
Und die Kinder jauchzen so,
denn das Boot, es schaukelt so!
„Passt gut auf", spricht Mutter Igel,
„denn ihr habt ja keine Flügel!
Wenn ihr dann ins Wasser fallt,
ja, dann wird es nass und kalt!"

Erst leichtes Schaukeln von einem auf das andere Bein, beim Jauchzen und Schaukeln heftiger werden. Mit dem erhobenen Zeigefinger Mutter Igel sprechen lassen, Flügel nachspielen und schließlich das Kind ins Wasser fallen lassen.

Ein lauter Stampfer
von uraltem Dampfer
quält sich durch's Meer,
schaut doch bloß her.
Quält sich durch Wellen,
die hohen, schnellen.
Quält sich bis nach Kiel,
ihm wird alles zu viel.
Mitten im Hafen
fängt er an zu schlafen.

Den alten Dampfer nachmachen: stampfen und Dampf ablassen, stöhnen und ächzen, vibrieren und tuten und schließlich ganz still werden.

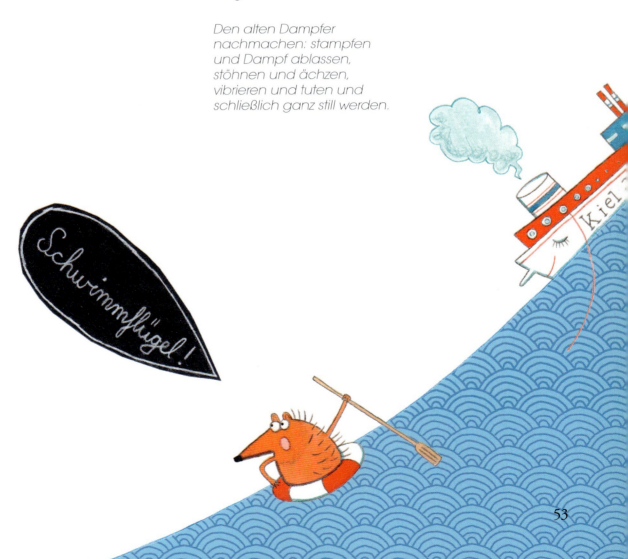

Am Baum, da hängt ein Ast,
der trägt schwere Last.
Im Sommer wie im Winter
reiten drauf die Kinder,
sie rütteln und sie rappeln,
sie zittern und sie zappeln.
Sind sie dem Ast zu munter
wirft er die Kinder runter.

Geht die Lisa* Nüsse schütteln,
Nüsse schütteln,
Nüsse schütteln,
alle Kinder helfen rütteln,
helfen rütteln,
RUMMS.

Den Namen des Kindes einsetzen.

Mühle, Mühle, lauf, lauf, lauf,
und oben sitzt der Müller drauf.
Da macht der Müller bumm, bumm, bumm,
da fällt die ganze Mühle um.
Da kommt der Trecker mit Geschnauf
und zieht die Mühle wieder rauf.

Das Kind durch die geöffneten Knie nach unten rutschen lassen, dann langsam wieder heraufholen.

Ist ein Mann in'n Brunnen gefallen,
hab ihn hören plumpsen.
Hätt ich ihn nicht rausgeholt,
wäre er ertrunken.

Das Kind durch die geöffneten Knie nach unten rutschen lassen, dann langsam wieder heraufholen.

Ein Schaukel-, ein Schaukel-,
ein Schaukel-, Schaukelkind,
das schaukelt, das schaukelt,
das schaukelt wie der Wind.
Es schaukelt hin und her,
es schaukelt immer mehr,
es schaukelt immer höher,
kommt dem Himmel näher.
Auf einmal macht es bumm –
das Schaukelkind fällt um.

Fichten schaukeln, Linden schaukeln
sanft im Winde hin und her.
Lerchen schaukeln, Möwen schaukeln,
Schiffe schaukeln auf dem Meer.
Du kannst schaukeln, ich kann schaukeln,
alles schaukelt hin und her.

Das Trampeltier,
das strampelt hier.
Das Tier hampelt.
Das Tier trampelt.
Es hüpft, und wie,
auf meinem Knie.

Große Uhren machen: tick tack tick tack.
Kleine Uhren machen: tick tick tack tack tick tick tack tack.
Und die kleinen Taschenuhren machen: ticke tacke ticke tacke ticke tacke.

Das Kind im Rhythmus der Uhren vor dem Körper hin- und herschaukeln und dabei immer etwas schneller werden.

Schlaf, Kindlein, schlaf

Verse zum Einschlafen und Aufwachen

Wenn der Hahn kräht auf dem Dache
putzt der Mond die Lampe aus
und die Stern' ziehn von der Wache.
Kindlein, aus dem Bett heraus!

Heraus aus den Betten, heraus, heraus!
Die liebe Frau Sonne, die lacht euch ja aus!
Die geht schon spazieren durch Felder und Flur
und denkt sich: Wo bleiben die Kinder heut nur?
Der Hahn auf dem Hof und die Spatzen vor'm Haus,
die lachen die kleinen Langschläfer aus.
Drum schnell in die Strümpfchen, in Hosen und Kleid!
„Guten Morgen, Frau Sonne! Jetzt sind wir so weit!"

Wenn du schläfst,
zupft dich einer am Ohr
und brummt dir was vor,
er stupft dich am Bauch
und kitzelt dich auch.
Er lacht –
und wenn du erwachst,
schaut er dich an,
als ob gar nichts wär –
dein alter brauner Bär.

Max Bolliger

Kommen die Necker,
Kinderaufwecker.
Kommen die Zupfer,
Bettdeckenhupfer.
Kommen die Rüttler,
Schläferwachschüttler.
Kriegen sie dich wach
mit ihrem Krach?

Mit allen zehn Fingern im Kinderbett ausschwirren und dabei toben, kitzeln, streicheln und allerlei Geräusche machen.

Als ich früh erwachte,
eher als ich dachte,
morgens gegen achte,
weckte ich ganz sachte
mit der großen Tatze
meine Schmusekatze,
die noch ritze-ratze
schlief auf der Matratze.

Mit einer Hand unter die Bettdecke kriechen und vorsichtig kitzeln.

Guten Morgen, ihr Finger!
Ihr Kratz-, ihr Pike-Dinger!
Jedem geb ich einen Kuss.
Mit dem Schlafen ist jetzt Schluss.

Die Fingerspitzen wachküssen.

Kommt der Papagei
morgens schnell vorbei
auf ein Frühstücksei.
Blödelt und macht Stuss,
gibt dir mit Genuss
einen dicken Kuss.

Aus Zeigefinger und spitzem Daumen einen Schnabel formen und damit herumpicken. Dem Kind zum Schluss per Schnabel einen Papageienkuss geben.

Morgenstündchen.
Kommt das Hündchen,
kitzelt dich wach
und macht viel Krach.

Das Kind wachküssen und wachkitzeln.

Guten Morgen, lieber Hampelmann!
Wie man so lange schlafen kann!
Wir zieh'n mal an dem Bändchen,
dann hebst du deine Händchen,
wir zieh'n mal an dem Leinchen,
dann hebst du deine Beinchen.
Lustig, lustig, Hampelmann!
Wie man so lange schlafen kann!

Franz Josef Koch

Ich kenn ein kleines Mädchen,
ist immer lieb und nett,
nur abends wird es wütend,
dann will es nicht ins Bett.

Husch – husch – husch
ins Bett geschwind
schlüpft am Abend jedes Kind.
Sandmann kommt auf leisen Sohlen,
steigt durchs Fenster ganz verstohlen,
schleicht im Nachthemd durch das Haus,
schüttet seine Träume aus.

In unserm alten Apfelbaum
hat sich versteckt ein schöner Traum.
Er steigt herab, kommt an die Tür:
Geschwind zu Bett, er will zu dir!
Sieht er dich noch in Strümpfen stehn,
wird er ein Häuschen weiter gehn.

Schlaf, Kindlein, schlaf!
Der Vater hüt' die Schaf'.
Die Mutter schüttelt's Bäumelein,
da fällt herab ein Träumelein.
Schlaf, Kindlein schlaf!

Schlaf, Kindlein, schlaf!
Am Himmel ziehn die Schaf'.
Die Sternlein sind die Lämmerlein,
der Mond, der ist das Schäferlein.
Schlaf, Kindlein, schlaf!

Schlaf, Kindlein, schlaf.
So schenk ich dir ein Schaf.
Mit einer gold'nen Schelle fein,
das soll dein Spielgeselle sein.
Schlaf, Kindlein, schlaf.

Schlaf, Kindlein, schlaf!
Es war einmal ein Schaf.
Das Schaf, das ward geschoren,
da hat das Schaf gefroren.
Da zog ein guter Mann
ihm seinen Mantel an.
Jetzt braucht's nicht mehr zu frieren,
kann froh herumspazieren.
Schlaf, Kindlein, schlaf!
Es war einmal ein Schaf.

Christian Morgenstern

Seht ihr hell den Mond dort stehen?
Kein Kind mag ins Bett schon gehen.
Jedes möchte noch gern spielen
und den warmen Nachtwind fühlen,
möchte laufen, tanzen, springen,
noch ein kleines Liedchen singen.
Hinkehops von Stein zu Stein
auf dem linken, rechten Bein
unterm Silbersternenschein.
Doch nun – hops – ins Bett hinein!

Leise, Peterle, leise,
der Mond geht auf die Reise.
Er hat ein weißes Pferd gezäumt,
das geht so still, als ob es träumt,
leise, Peterle, leise.
Stille, Peterle, stille,
der Mond hat eine Brille,
ein graues Wölkchen schob sich vor,
das sitzt ihm grad auf Nas und Ohr,
stille, Peterle, stille.
Träume, Peterle, träume,
der Mond guckt durch die Bäume,
um Peterle im Traum zu sehn,
ich glaube gar, nun bleibt er stehn,
träume, Peterle, träume.

Paula Dehmel

Seid leise!
Er ist müde von der Reise.
Er kommt von weit her,
vom Himmel übers Meer.
Vom Meer den dunklen Weg ins Land,
bis er die kleine Wiege fand.
Seid leise!

Paula Dehmel

Sieben kleine Sterne
leuchten in der Ferne,
halten Wacht
die ganze Nacht,
schnell die Augen zugemacht.
Sieben kleine Schafe
kommen dann im Schlafe,
halten Wacht
die ganze Nacht,
schnell die Augen zugemacht.
Sieben kleine Feen
werden bei Dir stehen,
halten Wacht
die ganze Nacht,
schnell die Augen zugemacht.

Wenn die Kinder schlafen ein
wachen auf die Sterne,
und es steigen Engelein
nieder aus der Ferne,
halten wohl die ganze Nacht
bei den lieben Kindern Wacht.

Kannst du wieder mal nicht schlafen,
geh ins Bett zu deinen Schafen.
Zähle sie von eins bis dreißig,
zähle deine Schafe fleißig,
bald wirst du bei dreißig sein
und dann schläfst du auch gleich ein.

Schlaf, Kindchen, schlaf.
Vor der Türe steht ein Schaf,
auf dem Flur steht eine Kuh,
Kindchen, mach die Augen zu.
Schlaf, Kindchen, schlaf.

Damit ihr nun geruhsam schlaft
sing ich euch vom kleinen Schaf,
sing ich euch vom Watschelgänschen
mit dem Wickelwackelschwänzchen.

Kühlein und das Kälbchen,
Schwalbe und das Schwälbchen,
Schaf und Lamm beisammen sind,
jede Mutter hat ihr Kind,
jedes Kind die Mutter sein –
alle, alle schlafen ein.

Schlaf, mein kleines Mäuschen,
schlaf bis morgen früh,
bis der Hahn im Häuschen
ruft sein Kikeriki.

4   5   6 ...

Ich wünsch gute Nacht,
von Rosen ein Dach,
von Zimt eine Tür,
von Rosmarin einen Riegel dafür.

Auf dem Kopf stehn und lachen

Reime für den Kindertag

Salz und Brot
macht Wangen rot,
aber Butterbröter
machen sie noch röter.

Zicke, zacke, Häschen,
Mutter, gib mir 'n Käschen,
Mutter, gib mir 'n Butterbrot,
ach, das schmeckt doch gar zu gut!

Mutter, gib mir 'n Butterbrot,
Butterbrot ist gar so gut.
Mutter gib mir Kuchen,
den will ich gern versuchen.
Mutter gib mir eine Nuss,
dann bekommst du einen Kuss.

Mein, dein, sein –
der Tisch ist noch rein,
der Magen ist leer
und knurrt wie ein Bär.

„Aua!", schreit der Bauer,
die Äpfel sind zu sauer,
die Birnen sind zu süß,
morgen gibt's Gemüs'.

Wenn mein Kind nicht essen will
ruf ich her die Spatzen,
fliegen sie auf's Fensterbrett,
ei, und werden schmatzen!

Wenn mein Kind nicht essen will
ruf ich in den Keller,
unsre Katze leckt geschwind
leer den ganzen Teller.

Bim bam beier,
die Katz' mag keine Eier.
Was mag sie dann?
Speck aus der Pfann':
Ei, wie lecker ist uns're Madam!

Hubschrubschrub, Hubschrabschrab,
der Hubschrauber fliegt ab.
Bringt dir ein Gutschnäppchen,
wunderbares Häppchen.
Der fliegt eine Stunde
bis zu deinem Munde.

Die Gabel als Hubschrauber durch die Lüfte kreisen und schließlich mundwärts fliegen lassen.

Backe, backe, Kuchen,
der Bäcker hat gerufen!
Wer will guten Kuchen backen,
der muss haben sieben Sachen:
Eier und Schmalz,
Butter und Salz,
Milch und Mehl,
Safran macht den Kuchen gehl!
Schieb, schieb in 'n Ofen rein.

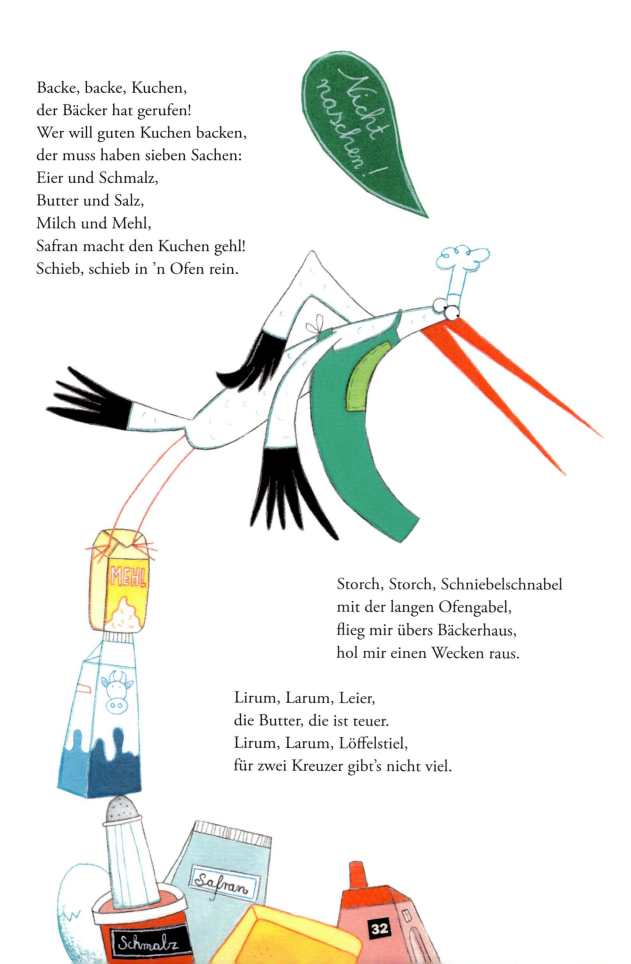

Storch, Storch, Schniebelschnabel
mit der langen Ofengabel,
flieg mir übers Bäckerhaus,
hol mir einen Wecken raus.

Lirum, Larum, Leier,
die Butter, die ist teuer.
Lirum, Larum, Löffelstiel,
für zwei Kreuzer gibt's nicht viel.

Charlotte Kompotte Naschmajor
hat 'nen Bart bis an das Ohr,
leckt die Schüsseln und Teller,
nascht in Küche und Keller –
holt ein Schloss vom Schlosser Paul!
Für wen denn?
Fürs Leckermaul!

Victor Blüthgen

Petersilie, Suppenkraut
wächst in unserm Garten.
Unser Ännchen ist die Braut,
kann nicht länger warten.
Roter Wein und weißer Wein,
morgen soll die Hochzeit sein.

Hier wie da
wie sonst
wie um
lachen wir
uns dumm
und krumm.

Charlotte Ueckert

Was wollen wir machen?
Auf dem Kopf stehn und lachen.
Was wollen wir spielen?
Auf dem Kopf stehn und schielen.
Was wollen wir tun?
Auf dem Kopf stehn und ruhn.

Ringel, Ringel, Reihe,
wir sind der Kinder dreie,
wir sitzen unterm Holderbusch
und rufen alle: husch, husch, husch!

Brüderchen, komm tanz mit mir,
beide Hände reich ich dir,
einmal hin, einmal her,
rundherum, das ist nicht schwer.

Tuff, tuff, tuff, die Eisenbahn,
wer will mit nach Hamburg* fahr'n?
Alleine fahren mag ich nicht,
drum nehm ich mir den Lukas* mit.

*Einen Ort und den Namen des Kindes einsetzen.

Puppendoktor

Ach, lieber Doktor Pillermann,
sieh dir mal bloß mein Püppchen an;
drei Tage hat es nichts gegessen,
hat immer so stumm dagesessen,
die Arme hängen ihr wie tot,
die will nicht einmal Zuckerbrot!
Ach, lieber Doktor, sag mir ehrlich,
ist diese Krankheit sehr gefährlich?
Madame, Sie ängstigen sich noch krank!
Der Puls geht ruhig, Gott sei Dank;
doch darf sie nicht im Zimmer sitzen,
sie muss zu Bett, muss tüchtig schwitzen,
dann wird es morgen besser sein.
Empfehl mich!

Paula Dehmel

Grüß Gott, grüß Gott,
was wollen Sie?
Zucker und Kaffee.
Da haben Sie's, da haben Sie's.
Adieu, adieu, adieu.
So warten's doch, so warten's doch,
Sie kriegen noch was raus.
Behalten Sie's, behalten Sie's,
wir müssen jetzt nach Haus.

Guten Tag, Frau Hoppsassa,
was macht denn Frau von Tralala?
Ich dank, ich dank, ich danke schön,
werd mich gleich erkund'gen gehn.

Punkt, Punkt, Komma, Strich,
fertig ist das Mondgesicht.

    Langer Käse, runde Butter,
    fertig ist die Schwiegermutter!

Arme wie 'ne Acht,
ist das nicht 'ne Pracht?

    Füße wie 'ne Sechs,
    ist das nicht 'ne Hex?

Haare wie ein Stachelschwein,
das ist des Königs Töchterlein!

    Einen Kloß und 'ne Kartoffel,
    fertig ist mein lieber Stoffel.

Du bist ein kleiner Nackedei,
du bist Hans Patschenass,
und wie dich Gott geschaffen hat,
so setz ich dich ins Fass.

Eins, zwei, drei, vier, fünf
springen hoch im Bogen
in die Wasserwogen.
Sie toben und sie spritzeln,
sie schwimmen und sie kitzeln,
tauchen einfach unter,
frechfröhlich und munter.

Mit einer Hand im Badewasser planschen.

Die Waschlappenviecher,
diese Frotteekriecher,
man höre, man staune,
haben gute Laune.
Saugen sich voll Wasser.
Werden immer nasser.
Mensch Meier, so ein Schreck,
plumpsen plötzlich weg.

Über jede Hand einen Waschlappen ziehen und die Hände dann wie Seeungeheuer über den Wannenrand schieben oder auf die Schultern des Kindes gleiten lassen.

Seereise

Pitsch – patsch – Badefass,
Rumpumpel planscht die Stube nass;
ist ein junger Wasserheld,
segelt durch die ganze Welt
im Wipp – im Wapp – im Schaukelkahn
über den großen Ozean!
Stehn alle Leute still
und schrein: Was bloß Rumpumpel will?
So splitternackt und pitschenass
in seinem kleinen Schaukelfass!
Schnell das Badelaken!

Paula Dehmel

Liebe Sonne, komm heraus

Verse für das ganze Jahr

Es war eine Mutter,
die hatte vier Kinder:
den Frühling, den Sommer,
den Herbst und den Winter.
Der Frühling bringt Blumen,
der Sommer bringt Klee,
der Herbst bringt die Trauben,
der Winter bringt Schnee.

Drei Rosen im Garten,
drei Tannen im Wald,
im Sommer ist's lustig,
im Winter ist's kalt.

Januar, Februar, März, April,
hock in der Stube, wer da will.
Mai, Juni, Juli, August,
draußen gibt es Freud und Lust.
September, Oktober,
es schüttelt der Wind
die reifen Äpfel für das Kind.
November, Dezember,
nur still und fein,
bald kommt das liebe Christkindlein.

Lieber, guter Osterhas,
mach uns kleinen Kindern Spaß.
Leg uns Eier, bunt und schön,
dass wir können suchen gehn!
Rote Eier leg ins Gras,
lieber, guter Osterhas!

Osterhäschen, komm zu mir,
komm in unsern Garten.
Bring uns Eier, zwei, drei, vier,
lass uns nicht lang warten.
Leg sie in das grüne Gras,
lieber, guter Osterhas!

Ich schenke dir
ein Osterei,
wenn du's zerbrichst,
so hast du zwei.

Liebe, liebe Sonne,
Butter in die Tonne,
Mehl in den Sack!
Schließ das Tor des Himmels auf,
liebe Sonne, komm heraus.

April, April, April,
der weiß nicht, was er will.
Mal Regen und mal Sonnenschein,
dann schneit es wieder zwischendrein.
April, April, April,
der weiß nicht, was er will.

Liebe Sonne, komm heraus,
komm aus deinem Wolkenhaus!
Schick den Regen weiter,
mach den Himmel heiter!
Liebe Sonne, komm heraus,
komm aus deinem Wolkenhaus!

Mairegen bringt Segen,
und werden wir nass,
so wachsen wir lustig
wie Blumen und Gras.

Trarira, der Sommer, der ist da!
Wir wollen in den Garten
und dort des Sommers warten.
Ja, ja, ja, der Sommer, der ist da!

Trarira, der Sommer, der ist da!
Wir wollen hinter Hecken
und dort den Sommer schrecken.
Ja, ja, ja, der Sommer, der ist da!

Trarira, der Sommer, der ist da!
Der Sommer hat gewonnen,
der Winter ist verronnen.
Ja, ja, ja, der Sommer, der ist da!

Wenn's warm ist im Sommer
und trocken dazu,
da spar ich der Mutter
die Strümpf' und die Schuh'.
Die Strümpfe und die Schuhe
die kosten viel Geld
und ich lauf so gern barfuß
wie die Gänslein durchs Feld.

Adelheid Stier

Der Sommer, der Sommer,
das ist die schönste Zeit.
Da singen und springen
die Kinder weit und breit.

Erdbeer, Himbeer, Heidelbeer
unter grünen Buchen
in des Waldes kühlem Schatten
will ich heute suchen.

Herbst

Bunt sind schon die Wälder,
gelb die Stoppelfelder,
und der Herbst beginnt.
Rote Blätter fallen,
graue Nebel wallen,
kühler weht der Wind.

Es regnet, es regnet,
es regnet seinen Lauf.
Und wenn's genug geregnet hat,
dann hört's auch wieder auf.

Regen, Regentröpfchen,
regnen auf mein Köpfchen,
regnen in das grüne Gras,
meine Füße werden nass.

Es schneit, hurra, es schneit!
Schneeflocken weit und breit!
Ein lustiges Gewimmel
kommt aus dem grauen Himmel.

Was ist das für ein Leben!
Sie tanzen und sie schweben.
Sie jagen sich und fliegen,
der Wind bläst vor Vergnügen.

Und nach der langen Reise,
da setzen sie sich leise
auf's Dach und auf die Straße
und frech dir auf die Nase.

Morgen woll'n wir Schlitten fahren,
morgen um halb neune
spann ich meinen Schimmel an,
fahre nicht alleine.
Ganz alleine fahr ich nicht,
da nehm ich mir die Maja* mit.

Den Namen des Kindes einsetzen.

Wenn's schneit, wenn's schneit,
ist Weihnacht nicht mehr weit!
Dann geht der alte Nikolaus
mit seinem Sack von Haus zu Haus.

    Wenn's schneit, wenn's schneit,
    ist Weihnacht nicht mehr weit!
    Dann kann man durch die Straßen gehn
    und all die schönen Sachen sehn.

Wenn's schneit, wenn's schneit,
ist Weihnacht nicht mehr weit!
Dann riecht es, ach, so wundersam,
nach Äpfeln und nach Marzipan.

Advent, Advent,
ein Lichtlein brennt,
erst eins, dann zwei,
dann drei, dann vier,
dann steht das Christkind
vor der Tür.

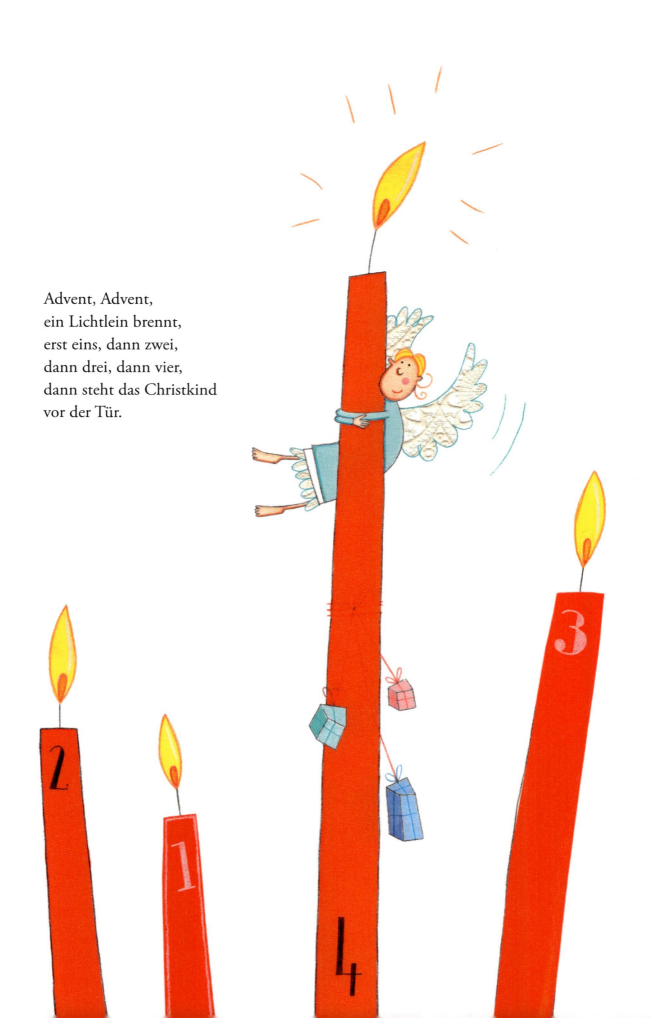

Heile, heile Gänschen

Trösteverse

Heile, heile Segen,
drei Tage Regen,
drei Tage Schnee,
tut schon nicht mehr weh.

Heile, heile Segen,
morgen gibt es Regen,
übermorgen Sonnenschein,
dann wird's wieder besser sein.

Heile, heile Gänschen,
das Kätzchen hat ein Schwänzchen,
heile, heile Mäusespeck,
in hundert Jahren ist alles weg.

Heile, heile Kätzchen,
das Kätzchen hat vier Tätzchen,
das Kätzchen hat 'nen langen Schwanz,
bald ist alles wieder ganz.

Wo tut's weh?
Trink ein Schlückchen Tee,
iss einen Löffel Haferbrei,
morgen ist es schon vorbei.

Wo tut's weh?
Hol ein bisschen Schnee,
hol ein bisschen kühlen Wind,
dann vergeht es ganz geschwind!

Vögel, die nicht singen,
Glocken, die nicht klingen,
Kinder, die nicht lachen,
was sind das für Sachen?

Denkt euch nur, der Frosch ist krank!
Da liegt er auf der Gartenbank,
quakt nicht mehr, wer weiß wie lang,
ach, wie fehlt mir sein Gesang.
Denkt euch nur, der Frosch ist krank!

Ich erzähl ein Märchen,
das Märchen vom Klärchen,
Klärchen ist ein Feechen,
zaubert weg Wehwehchen.

*Eine Hand ist Klärchen und wird
auf die verletzte Stelle gelegt.*

Der kleine Hase
liegt auf der Nase.
Liegt lang und flach,
ist krank und schwach.
Ich mach ihn gesund
mit 'nem Kuss auf den Mund.

Sagt Hexe Minchen zu der Katze:
Gib mir deine Beulentatze.
Folg mir in die Hexenküche.
Ich sprech schnell drei Zaubersprüche.
Das macht die Tatze heile,
es dauert nur 'ne Weile.

Hokuspokus Sahnesoß,
dreimal dicker Zuckerkloß,
eine gute Tasse Tee,
das Knie tut halb so weh.

Indianer nehmen sich ein Herz,
Indianer kennen keinen Schmerz,
beißen selbst bei kleinen Schrammen
feste ihre Zähne zusammen.
Doch, man sollte schon erwähnen,
auch Indianer kennen Tränen.

Mäh, Lämmchen, mäh!
Das Lämmchen lief im Klee,
da stieß es an ein Steinchen,
da tat ihm weh sein Beinchen,
da schrie das Lämmchen: Mäh!

Was fehlt dem kleinen Rehlein?
Schmerzen in den Zehlein?
Schmerzen in den Fingerchen,
in den kleinen Dingerchen?
Woll'n wir uns beeilen,
alles schnell zu heilen.

Ise bise bitzchen,
war nur ein kleines Ritzchen,
macht das Krankenschwesterchen
drauf ein kleines Pflästerchen,
stillt das Tröpfchen Blut,
wird alles wieder gut.

Heile, Fingerlein, heile,
es dauert eine Weile.
Kommt der nächste Sonnenschein,
wird alles wieder besser sein.

Ein paar Tröpfchen
aus dem Töpfchen
zaubern Dreck
einfach weg.

Beim Desinfizieren einer Wunde aufsagen.

Sehr geehrtes Fräulein Schnupfen,
Sie müssen mich verstehn,
ich bitt' Sie, heimzugehn.
Ich kann nicht immer tupfen,
mich kümmern um den Schnupfen.

Husten, Schnupfen, Heiserkeit
hat man oft zur Winterzeit.
Doch der gute Hustensaft
nimmt dem Husten alle Kraft.
Schmeckt er auch nicht so wie Honig,
schluckst du tapfer, dann belohn ich
dich mit einer Märchenstund'.
Davon wirst du bald gesund.

Beinah hätten wir's vergessen:
Müssen doch noch Fieber messen.
Ob es fällt oder steht
oder kommt oder geht
oder gleich bleibt oder schwankt
oder zittert oder wankt,
werden wir in Kürze wissen;
bleib nur ruhig in deinem Kissen.
Und ein paar Minuten später
schauen wir auf's Thermometer.

Lass dich nur nicht traurig machen,
tut dir heut auch weh der Bauch.
Morgen wirst du drüber lachen.
Denn das wissen wir ja auch:
Werd ich dich am Bauche kitzeln,
geht der Schmerz, eh' du's gedacht.
Morgen können wir schon witzeln,
und der Schmerz wird weggelacht.

Schweres wird leicht,
Tiefes wird seicht,
Lautes wird leis,
Schwarzes wird weiß,
Grelles wird blasser,
Eis wird zu Wasser,
Wasser wird Wein,
Großes wird klein,
Böses wird gut,
habe nur Mut:
Grummelt's im Bauch,
heilt es jetzt auch.

Auf die kranke Wade
drei Pfund Marmelade,
dazu eine Birne
auf die heiße Stirne,
dann die Sterne zählen
und zwei Äpfel schälen.
Glauben daran feste,
ist das Allerbeste,
juchzt und jubelt laut
der Doktor Suppenkraut.

Das Tränentier
ist nicht von hier.
Es kommt – und das ist wirklich wahr –
aus dem fernen Afrika.

Ein Elefant mit Namen „Triste"
hockt ganz traurig in der Kiste.
Kitzel ich ihn leicht am Kinn,
lacht er fröhlich vor sich hin.

*Bei der Zeile „Kitzel ich ihn leicht am Kinn"
das Kind ebenfalls am Kinn kitzeln.*

Tränensalz,
Butterschmalz,
eine Scheibe Speck,
schon ist der Kummer weg!

Grusel, grusel
Furcht und Schreck,
Angst verschwinde,
Angst geh weg!
Die Angst, die geht zum Hasen –
ist wie fortgeblasen!

Paul Maar

Alles mühsam, alles Last,
wenn du großen Kummer hast,
nehm ich dich, weich und warm,
ganz feste in den Arm.

Hokuspokus Fidibus!
Gleich gibt's einen Riesenkuss,
dann dreimal schwarzer Kater,
der Tränenmann, schon strahlt er!

Hans im Schneckenloch
hat alles, was er will.
Und was er will, das hat er nicht.
Und was er hat, das will er nicht.
Hans im Schneckenloch
hat alles, was er will.

Der Müller tut mahlen,
das Rädchen geht rum.
Mein Kind ist verärgert,
weiß selbst nicht warum.

Auf meinem Schoß
ein Kummerkloß,
der hüpft, hipphopp,
schnell im Galopp
auf und nieder
immer wieder,
dann – tripp trapp trapp –
schmeiß ich ihn ab.

Hör doch auf zu weinen,
die Sonn' wird wieder scheinen,
die Glocken werden klingen,
die Vögel werden singen,
die Enten werden schnattern,
die Hühner werden gackern,
der Hahn wird wieder schrei'n
und du wirst lustig sein.

Ene mene miste

Abzählreime

Ene mene miste,
es rappelt in der Kiste.
Ene mene meck
und du bist weg.

Ene mene Rätsel:
Wer backt Brezel?
Wer backt Kuchen?
Der muss suchen!

Ene mene muh
und raus bist du!
Raus bist du noch lange nicht,
sag mir erst wie alt du bist!
Eins, zwei, drei, vier, fünf, …

Ringel, Rangel, Rose,
Butter in die Dose,
Butter an den Speck
und du bist weg.

Lirum, Larum, Löffelstiel,
wer das nicht kann, der kann nicht viel.
Lirum, Larum, Leck
und du bist weg!

Itzen ditzen
Silberschnitzen,
itzen ditzen daus
und du bis raus!

Ene mene Mütze,
zehn Pfund Grütze,
ene mene muh
und raus bist du!

Ene mene ming mang,
knieptang, ting tang,
use buse eck
und du bist weg.

Ene mene mopel,
wer frisst Popel,
ein Euro achtzig,
frisch und saftig,
einen Euro zehn
und du musst gehn.

Ene mene Wasserfass,
wer sich wäscht, der wird auch nass,
wer sich nicht wäscht ist ein Schwein,
wer trocken bleibt, der muss es sein.

Hicke, hacke, Hasenlauf,
der Erste macht die Türe auf,
der Letzte macht sie wieder zu
und das bist du.

Eins, zwei, drei,
im Wasser schwimmt ein Hai,
im Urwald liegen Schlangen
und du musst fangen!

Eins, zwei, drei, vier, Finkenstein,
wer nicht will, der muss es sein!

Eins, zwei, drei, vier, fünf,
der Storch hat rote Strümpf',
der Frosch hat kein Zuhaus'
und du bist raus.

Eins und zwei und drei und vier,
sapperlot, was gibt es hier?
Gänsebraten und Spinat,
Wiener Schnitzel und Salat,
Himbeersaft und Bier und Wein,
liebes Kind, du sollst es sein!

Eins, zwei, drei, vier, fünf, sechs, sieben,
eine alte Frau kocht Rüben.
Eine alte Frau kocht Speck
und du bist weg!

Eins, zwei, drei, vier, fünf, sechs, sieben,
Fußballspielen muss man üben.
Wem das Üben nicht so liegt
aus der nächsten Runde fliegt.

1, 2, Polizei,
3, 4, Offizier,
5, 6, alte Hex',
7, 8, gute Nacht,
9, 10, du musst gehn.

Eins, zwei, drei, vier,
fünf, sechs, sieben, acht,
Kasper hat so laut gelacht,
dass im Haus der Balken kracht.
Das Haus fällt ein,
du musst es sein!

Ich und du,
Müllers Kuh,
Müllers Esel,
der bist du!

Ritz und Ratz,
Maus und Katz,
Katz und Maus –
du bist raus!

Hexe Minka,
Kater Pinka,
Vogel Fu,
raus bist du.

Muh, muh, muh,
im Stall steht eine Kuh.
Sie gibt uns Milch und Butter,
wir geben ihr das Futter.
Muh, muh, muh,
und raus bist du!

Schnicke, schnacke, Schnecke,
kriecht langsam um die Ecke.
Schnick, schnack, Schneck
und du bist weg.

Im Garten steht ein Vogelhaus,
darunter sitzt 'ne Haselmaus,
streckt die lange Zunge raus.
Streck zurück und du bist aus.

Eine kleine Mickymaus,
zog sich mal die Hose aus,
zog sie wieder an
und du bist dran!

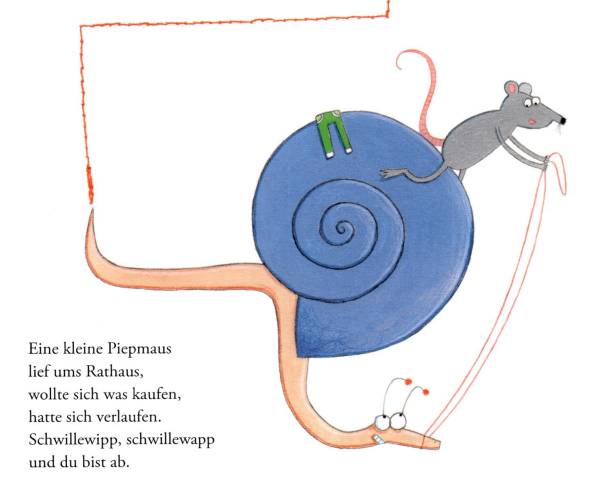

Eine kleine Piepmaus
lief ums Rathaus,
wollte sich was kaufen,
hatte sich verlaufen.
Schwillewipp, schwillewapp
und du bist ab.

Sieben Ziegenböckchen
springen über's Stöckchen,
über Brück' und Stege
gehn sie ihrer Wege,
springen rund ums Haus
und du bist raus.

Summe, summe, brumm, brumm,
eine Hummel fliegt herum,
eine Hummel fliegt im Kreis,
weil sie ihren Weg nicht weiß,
eine Hummel fliegt nach Haus
und du bist raus.

Bille, balle, malle,
Maus sitzt in der Falle,
Falle geht entzwei
und du bist frei.

Rolle, rolle, Möpschen
roll ins Töpfchen,
roll wieder raus
und du bist aus!

Oberpoppel Hoppelhase
hoppelt in dem Stoppelgrase,
hoppelt in das Hasenhaus
und du bist raus.

Der Kreis ist rund,
da läuft ein Hund,
da läuft eine Kuh
und dran bist du.

Humpel, wackel, zwackel,
da läuft ein kleiner Dackel.
Jetzt läuft er in das Haus
und du bist aus.

Reise

Schimme, schamme, Scheibenkleister,
wer von euch ist Hexenmeister?
Zaubert einen Düsenjäger
oder einen Hosenträger
oder eine Laus?
Und du bist raus!

Mein Finger geht im Kreise
auf eine kurze Reise.
Und bleibt mein Finger stehn,
dann darfst du gehn.

Eins, zwei, drei,
alt ist nicht neu,
neu ist nicht alt,
heiß ist nicht kalt,
kalt ist nicht heiß,
schwarz ist nicht weiß,
hier ist nicht dort,
du musst jetzt fort.

Es war einmal ein Männchen,
das kroch ins Kaffeekännchen.
Dann kroch es wieder raus
und du bist aus!

Mitsche Matsche Motsche Mi,
auf dem Berge Sinai
sitzt 'ne Frau und macht Pipi.
Da kommt der Schneider Meck-Meck-Meck
und nimmt der Frau den Nachttopf weg.
Mitsche Matsche Mu
und raus bist du!

Auf einem Gummi-Gummi-Berg
da wohnt ein Gummi-Gummi-Zwerg,
der Gummi-Gummi-Zwerg
hat eine Gummi-Gummi-Frau,
die Gummi-Gummi-Frau
hat ein Gummi-Gummi-Kind,
das Gummi-Gummi-Kind
hat ein Gummi-Gummi-Kleid,
das Gummi-Gummi-Kleid
hat ein Gummi-Gummi-Loch
und DU bist es doch!

Eins, zwei, drei, vier, fünf, sechs, sieben

Zahlenreime

1 – 2 – 3 – 4 – 5 – 6 – 7,
auf dem hohen Berg da drüben
steht ein Schloss mit blanken Zinnen,
wohnt ein stolzer König drinnen.
Die Königin backt süße Kuchen,
die will der König gleich versuchen.
1 – 2 – 3 – 4 – 5 – 6 – 7,
„Wo ist mein Tablett geblieben?"
Die Königin ist gar nicht stolz
und holt gleich das Nudelholz.

1 – 2 – 3, Kaffee trinkt Marei.
3 – 2 – 1, Kuchen isst der Heinz.
Hat der Kuchen gut geschmeckt,
wird der Teller abgeleckt.

Eins, zwei, drei, vier, fünf, sechs, sieben,
eine Bauersfrau kocht Rüben,
eine Bauersfrau kocht Speck,
schneidet sich den Finger weg.
Kommt der Doktor Hampelmann
und klebt den Finger wieder an.

Ein Hahn,
zwei Hühner,
drei Gänse,
vier Schweine,
fünf Kühe,
sechs milchweiße Mäuschen,
sieben rururote Rattenschwänze,
acht wimmelnde wammelnde Waschweiber,
neun pinkende paukende Beckenschläger,
zehn knisternde knasternde Feuerknäste,
zwölf konstantinopolitanische Dudelsackpfeifenmachergesellen.

Beine hat ein jedes Tier,
große Tiere haben vier,
Käfer sechse, Spinne acht,
wer's nicht weiß, wird ausgelacht!

Die drei Spatzen

In einem leeren Haselstrauch
da sitzen 3 Spatzen, Bauch an Bauch.
Der Erich rechts und links der Franz
und mittendrin der freche Hans.
Sie haben die Augen zu, ganz zu,
und oben drüber, da schneit es, hu!
Sie rücken zusammen dicht an dicht.
So warm wie der Hans hat's niemand nicht.
Sie hörn alle 3 ihrer Herzlein Gepoch.
Und wenn sie nicht weg sind, so sitzen sie noch.

Christian Morgenstern

Eins, zwei, drei, vier, fünf, sechs, sieben,
wo ist nur mein Freund geblieben?
Ist nicht hier, ist nicht da,
ist wohl in Amerika!

Eins, zwei, drei, vier, fünf, sechs, sieben,
ein Tiroler hat geschrieben:
Liebe Mutter, sei so gut,
schick mir 'nen Tirolerhut,
nicht zu groß und nicht zu klein,
denn er soll zur Hochzeit sein.

Alle meine Siebensachen
mit mir weinen,
mit mir lachen.
Zebra, Ente, Teddybär,
jeden Tag hol ich sie her.
1 – 2 – 3 – 4 – 5 – 6 – 7,
Clown und Puppe,
hiergeblieben!
8 und 9 und 10,
spielen wolln wir gehn.
11 und 12, und nun ist Schluss,
jeder kriegt noch einen Kuss.

1, 2, 3, 4, 5,
Stiefel, Schuh und Strümpf',
5, 4, 3, 2, 1,
besser noch als keins,
6, 7, 8, 9, 0,
tra, tre, tri, tro, trull,
0, 9, 8, 7, 6,
sprach die alte Hex'.

Morgens früh um sechs
kommt die kleine Hex'.
Morgens früh um sieben
schabt sie gelbe Rüben.
Morgens früh um acht
wird Kaffee gemacht.
Morgens früh um neune
geht sie in die Scheune.
Morgens früh um zehne
holt sie Holz und Späne.
Feuert an um elfe,
kocht dann bis um zwölfe,
Fröschebein und Krebs und Fisch.
Hurtig, Kinder, kommt zu Tisch!

Da oben auf dem Berge,
da ist der Teufel los.
Da zanken sich 5 Zwerge
um einen dicken Kloß.
Der 1. will ihn haben,
der 2. lässt ihn los,
der 3. fällt in 'n Graben,
dem 4. platzt die Hos',
der 5 schnappt den Kloß
und isst ihn auf mit Soß'.

Eins, zwei, drei, vier, sieben,
wo ist die Fünf geblieben?
Vielleicht hat sie die Sechs verschluckt,
wo die schon so verdächtig guckt!
Eins, zwei, drei, vier, acht.
Jetzt hat die Sechs die Sieben
auch noch umgebracht!

Martin Auer

Jeden Abend im April
liegt am Nil ein Krokodil
und verschlingt mit viel Gefühl
neunundneunzig Eis am Stiel.
Neunundneunzig Eis am Stil
sind es nur, die im April
täglich frisst am fernen Nil
das besagte Krokodil –
hundert wären ihm zu viel.

Rosemarie Künzler-Behncke

ABC, die Katze lief im Schnee

Sprachspaß

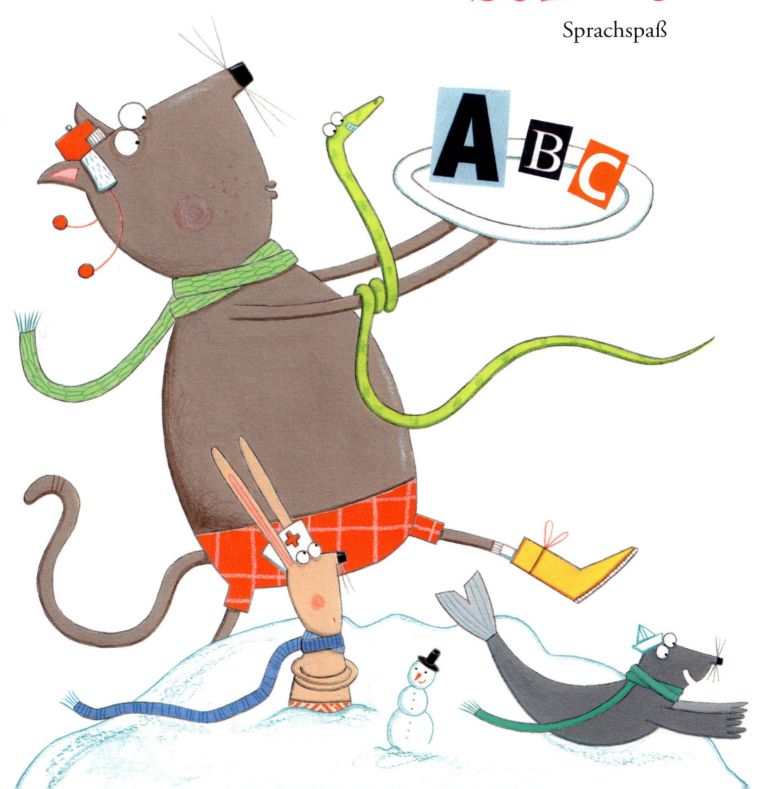

Das A und das B
besuchen das C.
D, E, F und G,
die fahren zur See.
Das H und das I
legen J übers Knie.
L, M, N, O, P,
die schreien: „Au weh!"
Das U und das V,
die suchen 'ne Frau.
Das W und das X,
die wissen von nix.
Das Y klein
zwickt das Z ins Bein.

A B C, die Katze lief im Schnee.
Und als sie wieder rauskam,
da hatt' sie weiße Stiefel an.
Ojemine, oh weh!

Der letzte Buchstabe

Das Z gehört zum Alphabet,
auch wenn es ganz am Ende steht.
Am Ende steht es auch bei Herz,
bei Holz, bei Pilz, bei Netz, bei Schmerz.
Doch manchmal, wie bei Zwerg und Zorn,
da steht das Z im Wort ganz vorn.
Im Zahnweh und im Zwiebelkuchen
muss man das Z nicht lange suchen.
Dagegen wird es kaum entdeckt,
wenn es sich gut im Wort versteckt.
So bei den fünfzehn schwarzen Katzen
und ihren sechzig schwarzen Tatzen.
Ganz stolz erzählt das Zirkuszelt,
dass es sogar zwei Z enthält.
Erstaunt fragt da der Grizzly-Bär,
ob dies denn was Besondres wär.

Paul Maar

Frau von Hagen,
darf ich's wagen,
Sie zu fragen,
wie viel Kragen
Sie getragen,
als Sie lagen
krank am Magen
im Spital zu Kopenhagen?

Sieben kleine Hasen
saßen auf dem Rasen,
saßen, bis sie ganz vergaßen,
warum sie auf dem Rasen saßen.

Ein Murmeltier
zum Murmeltier:
„Wie wär's mit einem Murmelbier,
gleich hier bei mir?"
Ein Murmelbier,
zwei Murmelbier,
drei Murmelbier,
vier …
Seither gibt es
bei Murmeltieren
(vom vielen Murmelbierprobieren)
nur Milch und Brot
und – Bierverbot!

Jürgen Spohn

Das ästhetische Wiesel

Ein Wiesel
saß auf einem Kiesel
inmitten Bachgeriesel.
Wisst ihr,
weshalb?
Das Mondkalb
verriet es mir
im Stillen:
Das raffinier-
te Tier
tats um des Reimes willen.

Christian Morgenstern

A, E, I, O, U

Ob ich eine lange Schlange
abends mit der Zange fange
oder eine kecke Schnecke
unter meine Decke stecke
oder eine Rinde finde
und an eine Linde binde
oder eine große Dose
morgens in die Soße stoße!
Oder meine Spucke schlucke
und zu einer Glucke gucke.
Alles dies ist allemal
völlig gleich und ganz egal,
weil sich nur das Wort am Schluss
mit dem nächsten reimen muss!

Paul Maar

Sieht der Dreckspatz im Dreck Speck,
pickt er gleich den Speck vom Dreck.
Schmeckt das dem Dreckspatz?
Dem Dreckspatz schmeckt das!

Klitzekleine Kinder können keine Kirschkerne knacken.

Blaukraut bleibt Blaukraut
und Brautkleid bleibt Brautkleid.

Fischers Fritz fischt frische Fische,
frische Fische fischt Fischers Fritz.

Zwischen zwei Zwetschgenzweigen saßen zwei zwitschernde Schwalben.

Das Schleimschwein schleimt schweinisch im Schleim,
im Schleim schleimt schweinisch das Schleimschwein.

Zwanzig Zwerge zeigen Handstand,
zehn im Wandschrank,
zehn am Sandstrand.

Auf den sieben Robbenklippen
sitzen sieben Robbensippen,
die sich in die Rippen stippen,
bis sie von den Klippen kippen.

Wenn Schnecken an Schnecken schlecken,
merken Schnecken zu ihrem Schrecken,
dass Schnecken nicht schmecken.

Zehn zahme Ziegen zogen zehn Zentner Zucker zum Zoo.
Zum Zoo zogen zehn zahme Ziegen zehn Zentner Zucker.

Im meinem Schuh ich Strandsand fand,
nachdem ich dort am Sandstrand stand –
Strandsand vom Sandstrand.

Menschen mögen Möwen leiden,
während sie die Löwen meiden.

Es sprach der Herr von Rubenstein:
„Mein Hund, der ist nicht stubenrein."

In der ganzen Hunderunde
sah man nichts als runde Hunde.

Es klapperten die Klapperschlangen,
bis ihre Klappern schlapper klangen.

Die Boxer aus der Meisterklasse
boxten sich zu Kleistermasse.
Und aus dem ganzen Massenkleister
erhebt sich stolz der Klassenmeister.

Es war einmal ein braver Hai,
der fraß statt Menschen Haferbrei.

Der dicke Diener
trägt die dicke Dame
durch den dicken Dreck.
Da dankt die dicke Dame
dem dicken Diener,
dass der dicke Diener
die dicke Dame
durch den dicken Dreck
getragen hat.

Im Mondenschein ein Stachelschwein

Quatsch mit Soße

Es war mal ein Nashorn in Bremen,
das konnte sich nicht benehmen.
Mal hat es gehupt,
mal hat es gepupt,
es sollte sich wirklich schämen.

Heinrich Hannover

Ein Huhn, das fraß,
man glaubt es kaum,
ein Blatt von einem Gummibaum.
Dann ging es in den Hühnerstall
und legte einen Gummiball.

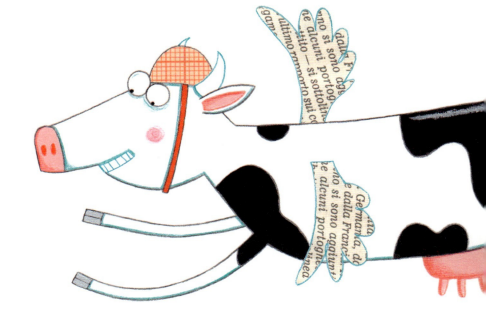

Marianne hat 'nen Floh.
Weiß nich wo.
Am Popo,
da krabbelt's so.

Ganz allein
auf einem Bein
hüpfet fein
im Mondenschein
ein Stachelschwein
zur Tür herein.

Eine Kuh, die saß im Schwalbennest
mit sieben jungen Ziegen,
sie feierten ihr Jubelfest
und fingen an zu fliegen.
Der Esel zog Pantoffeln an,
ist über's Haus geflogen.
Und wenn das nicht die Wahrheit ist,
so ist es doch gelogen.

Gustav Falke

So geht es im Lande der Riesen:
Da nähen die Schneider mit Spießen,
da stricken die Mädchen mit Stangen,
da füttert man Meisen mit Schlangen,
da malen mit Besen die Maler,
da macht man wie Kuchen die Taler,
da schießt man die Mücken mit Pfeilen,
da webt man die Leinwand aus Seilen.

So geht es im Lande der Zwerge:
Die Ameisenhaufen sind Berge,
das Sandkorn ist ein Felsenstück,
der Seidenfaden ist ein Strick,
die Nadel ist da eine Stange,
ein Würmlein ist da eine Schlange,
als Elefant gilt da die Maus,
der Fingerhut ist da ein Haus,
der dickste Mann ist dünn wie Haar,
der Augenblick ist dort ein Jahr.

Des Abends, wenn ich früh aufsteh,
des Morgens, wenn ich zu Bett geh,
dann krähen die Hühner, dann gackert der Hahn,
dann fängt das Korn zu dreschen an.
Die Magd, die steckt den Ofen ins Feuer,
die Frau, die schlägt drei Suppen in die Eier,
der Knecht, der kehrt mit der Stube den Besen,
da sitzen die Erbsen, die Kinder zu lesen.
Oh weh, wie sind mir die Stiefel geschwollen,
dass sie nicht in die Beine rein wollen!
Nimm drei Pfund Stiefel und schmiere das Fett,
dann stell mir vor die Stiefel das Bett.

Dunkel war's, der Mond schien helle,
Schnee lag auf der grünen Flur,
als ein Wagen blitzeschnelle
langsam um die Ecke fuhr.

Drinnen saßen stehend Leute,
schweigend ins Gespräch vertieft,
als ein totgeschoss'ner Hase
auf der Sandbank Schlittschuh lief.

Und ein blondgelockter Jüngling
mit kohlrabenschwarzem Haar
saß auf einer blauen Bank,
die rot angestrichen war.

Neben ihm 'ne alte Schachtel,
zählte kaum ein halbes Jahr,
in der Hand 'ne Buttersemmel,
die mit Schmalz bestrichen war.

Am einunddreißigsten Februar
wird schwarze Tinte wie Wasser klar,
die Schnecken gewinnen gegen die Hasen
beim Wettlauf auf dem Stadionrasen,
aus Mauselöchern kommen Elefanten,
zur Schule gehen statt der Kinder die Tanten,
und Stühle gehen auf allen vieren
neben dem Zebrastreifen spazieren,
ein Bus sagt auf dem Gemüsemarkt
zu zwei Polizisten: „Hier wird nicht geparkt!"
Verkehrsschilder suchen sich ein Versteck,
im Supermarkt laufen die Kassen weg,
das Rathaus bekommt einen Nasenstüber,
es geht eben alles drunter und drüber –
denn faustdicke Lügen werden wahr
am einunddreißigsten Februar.

Hans Baumann

Katrin Oertel, geboren 1979 in Haltern, studierte an der Fachhochschule für Design in Münster mit dem Schwerpunkt Illustration, Kinderbuchillustration, Buchgestaltung.
Seit 2006 arbeitet sie als selbstständige Illustratorin und Grafikerin in Münster.

ALPHABETISCHES VERZEICHNIS DER REIME

1 – 2 – 3 – 4 – 5 – 6 – 7   134
1 – 2 – 3, Kaffee trinkt Marei   135
1, 2, 3, 4, 5, Stiefel, Schuh und Strümpf'   140
1, 2, Polizei   125
A B C, die Katze lief im Schnee   146
A, E, I, O, U   151
Advent, Advent, ein Lichtlein brennt   102
Alle meine Fingerlein sollen jetzt mal Tiere sein   21
Alle meine Fingerlein wollen heut mal fleißig sein   21
Alle meine Fingerlein wollen heute fröhlich sein   20
Alle meine Fingerlein wollen heute Vögel sein   30
Alle meine Siebensachen   139
Alles mühsam, alles Last   118
Als ich früh erwachte   62
Am Baum, da hängt ein Ast   54
Am einunddreißigsten Februar   164
April, April, April   95
Aua!, schreit der Bauer   79
Auf den sieben Robbenklippen   153
Auf die kranke Wade   115
Auf einem Gummi-Gummi-Berg   132
Auf meinem Schoß ein Kummerkloß   119
Backe, backe, Kuchen   82
Beinah hätten wir's vergessen   113
Beine hat ein jedes Tier   136
Bille, balle, malle   128
Bim bam beier   80
Blaukraut bleibt Blaukraut   152
Brüderchen, komm tanz mit mir   85
Bunt sind schon die Wälder   98

Charlotte Kompotte Naschmajor   83
Da hast 'nen Taler   36
Da oben auf dem Berge   142
Damit ihr nun geruhsam schlaft   74
Das A und das B   146
Das ästhetische Wiesel   150
Das ist das dicke Babettchen   19
Das ist das Kleinchen   16
Das ist der Daumen   16
Das ist der kleine Zottelzaum   29
Das ist der Vater   17
Das Krabbeltier   41
Das Schleimschwein   152
Das Trampeltier   57
Das Tränentier ist nicht von hier   116
Denkt euch nur, der Frosch ist krank!   106
Der dicke Diener   156
Der Erste holt den Topf   17
Der ist ins Wasser gefallen   16
Der kleine Hase   107
Der Kreis ist rund   129
Der letzte Buchstabe   147
Der Müller tut mahlen   119
Der sagt: Ich bin mächtig und reich!   19
Der Sommer, der Sommer   97
Des Abends, wenn ich früh aufsteh   162
Die beiden Daumen, dick und klein   32
Die bösen Beinchen   42
Die Boxer aus der Meisterklasse   155
Die Bimmelbahn, die ruckelt   50
Die drei Spatzen   137
Die Waschlappenviecher   89
Dies ist der Daumen Knuddeldick   18
Drei Rosen im Garten   92
Du bist ein kleiner Nackedei   88

Dunkel war's, der Mond schien helle   163
Ei, wer kommt denn da daher?   39
Ein Däumchen dort, ein Däumchen hier   23
Ein Elefant mit Namen „Triste"   116
Ein Hahn   136
Ein Huhn, das fraß, man glaubt es kaum   158
Ein klitzekleines Zwerglein   36
Ein Krabbelkäfer geht spazieren   40
Ein Krabbelkäfer kommt zu dir   40
Ein lauter Stampfer   53
Ein Murmeltier zum Murmeltier   149
Ein paar Tröpfchen   111
Ein Schaukel-, ein Schaukel-, ein Schaukelkind   56
Eine kleine Dickmadam   50
Eine kleine Mickymaus   127
Eine kleine Piepmaus   127
Eine Kuh, die saß im Schwalbennest   159
Eins und zwei und drei und vier, sapperlot, was gibt es hier?   124
Eins, zwei, drei   130
Eins, zwei, drei, im Wasser schwimmt ein Hai   124
Eins, zwei, drei, vier   125
Eins, zwei, drei, vier, Finkenstein   124
Eins, zwei, drei, vier, fünf   89
Eins, zwei, drei, vier, fünf Matrosen   22
Eins, zwei, drei, vier, fünf, der Storch hat rote Strümpf'   124
Eins, zwei, drei, vier, fünf, sechs, sieben, eine alte Frau kocht Rüben   125
Eins, zwei, drei, vier, fünf, sechs, sieben, eine Bauersfrau kocht Rüben   135
Eins, zwei, drei, vier, fünf, sechs, sieben, Fußballspielen muss man üben   125

Eins, zwei, drei, vier, fünf, sechs, sieben, wo ist nur mein Freund geblieben?   138
Eins, zwei, drei, vier, fünf, sechs, sieben, ein Tiroler hat geschrieben   138
Eins, zwei, drei, vier, sieben   143
Ene mene ming mang   123
Ene mene miste   122
Ene mene mopel   123
Ene mene muh   122
Ene mene Mütze   123
Ene mene Rätsel   122
Ene mene Wasserfass   123
Erdbeer, Himbeer, Heidelbeer   97
Erst kommt der Sonnenkäferpapa   37
Es klapperten die Klapperschlangen   155
Es regnet, es regnet   99
Es schneit, hurra, es schneit!   100
Es sprach der Herr von Rubenstein   154
Es war eine Mutter   92
Es war einmal ein braver Hai   155
Es war einmal ein Floh   37
Es war einmal ein Männchen   131
Es war mal ein Nashorn in Bremen   158
Fährt ein Schifflein übers Meer   32
Fährt ein Schiffchen übers Meer   52
Fichten schaukeln, Linden schaukeln   56
Fischers Fritz   152
Frau von Hagen   148
Fünf Fingerlein schlafen fest   34
Ganz allein auf einem Bein   159
Geht die Lisa Nüsse schütteln   54
Große Uhren machen: tick tack tick tack   58
Grusel, grusel, Furcht und Schreck   117
Grüß Gott, grüß Gott   86
Guten Morgen, ihr Finger   63

Guten Morgen, lieber Hampelmann 65
Guten Tag, Frau Hoppsassa 86
Hans im Schneckenloch 118
Heile, Fingerlein, heile 111
Heile, heile Gänschen 104
Heile, heile Kätzchen 104
Heile, heile Segen, drei Tage Regen 104
Heile, heile Segen, morgen gibt es Regen 104
Heraus aus den Betten 60
Hexe Minka 126
Hicke, hacke, Hasenlauf 123
Hier wie da 84
Himpelchen und Pimpelchen 27
Hokuspokus Fidibus 118
Hokuspokus Sahnesoß 108
Hopp, hopp, ho! 46
Hopp, hopp, hopp 47
Hopp, hopp, hopp zu Pferde 46
Hoppe, hoppe, Reiter 46
Hör doch auf zu weinen 120
Hubschrubschrub, Hubschrabschrab 81
Humpel, wackel, zwackel 129
Husch – husch – husch 67
Husten, Schnupfen, Heiserkeit 112
Ich bin ein kleine Pony 49
Ich bin ein kleines Stachelschwein 22
Ich erzähl ein Märchen 107
Ich kenn ein kleines Mädchen 66
Ich reit, ich reite huckpack 48
Ich schenke dir ein Osterei 94
Ich und du 126
Ich wünsch gute Nacht 76
Igels machen Sonntag früh 53
Im Garten steht ein Vogelhaus 127
Im meinem Schuh ich Strandsand fand 154
In der ganzen Hunderunde 154
In die Hecke auf ein Ästchen 30

In unserm alten Apfelbaum 67
Indianer nehmen sich ein Herz 109
Ise bise bitzchen 111
Ist ein Mann in'n Brunnen gefallen 55
Itzen ditzen Silberschnitzen 122
Januar, Februar, März, April 93
Jeden Abend im April 144
Kannst du wieder mal nicht schlafen 74
Kennst du vielleicht Dorchen?
Klitzekleine Kinder 152
Klopfe, klopfe, Hämmerchen 33
Kommen die Necker 62
Kommt der Papagei 64
Kommt ein Elefant 39
Kommt ein Flugzeug angeflogen 44
Kommt ein kleines Häschen 39
Kommt ein Mann die Treppe rauf 36
Kommt ein Mäuschen 37
Kühlein und das Kälbchen 75
Lass dich nur nicht traurig machen 114
Leise, Peterle, leise 71
Liebe, liebe Sonne 94
Liebe Sonne, komm heraus 95
Lieber, guter Osterhas 94
Lirum, Larum, Leier 82
Lirum, Larum, Löffelstiel 122
Mäh, Lämmchen, mäh! 110
Mairegen bringt Segen 95
Marianne hat 'nen Floh 159
Mein Finger geht im Kreise 130
Mein Häuschen ist nicht gerade 33
Mein, dein, sein 79
Menschen mögen Möwen leiden 154
Mitsche Matsche Motsche Mi 131
Morgen woll'n wir Schlitten fahren 100
Morgens früh um sechs 141
Morgenstündchen 64
Muh, muh, muh 126
Mühle, Mühle, lauf, lauf, lauf 55

Mutter, gib mir 'n Butterbrot   78
Oberpoppel Hoppelhase   129
Osterhäschen, komm zu mir   94
Petersilie, Suppenkraut   83
Pitsch – patsch – Badefass   90
Punkt, Punkt, Komma, Strich   87
Puppendoktor   86
Regen, Regentröpfchen   99
Ringel, Rangel, Rose   122
Ringel, Ringel, Reihe   85
Ri-ra-rutsch   48
Ritz und Ratz   126
Rolle, rolle, Möpschen   128
Sagt Hexe Minchen zu der Katze   108
Salz und Brot   78
Schimme, schamme, Scheibenkleister   130
Schlaf, Kindchen, schlaf   74
Schlaf, Kindlein, schlaf   68
Schlaf, Kindlein, schlaf (Variante von C. Morgenstern)   69
Schlaf, mein kleines Mäuschen   75
Schnecke geht spazieren heut   38
Schnicke, schnacke, Schnecke   127
Schnicke-Schnacke-Schnecke   38
Schotterfahren, schotterfahren   51
Schweres wird leicht   114
Sehr geehrtes Fräulein Schnupfen   112
Seht ihr hell den Mond dort stehen?   70
Seid leise!   71
Sieben kleine Hasen   148
Sieben kleine Sterne   72
Sieben Ziegenböckchen   128
Sieht der Dreckspatz im Dreck Speck   152
So geht es im Lande der Riesen   160
So geht es im Lande der Zwerge   161

Sonnenblume, Sonnenblume, steht an unserm Gartenzaun   31
Steigt ein Büblein auf den Baum   28
Storch, Storch, Schniebelschnabel   82
Summe, summe, brumm, brumm   128
Tränensalz, Butterschmalz   116
Trarira, der Sommer, der ist da   96
Tuff, tuff, tuff, die Eisenbahn   85
Vögel, die nicht singen   106
Was fehlt dem kleinen Rehlein?   110
Was wollen wir machen?   84
Wenn der Hahn kräht auf dem Dache   60
Wenn die Kinder kleine sind   49
Wenn die Kinder schlafen ein   73
Wenn du schläfst   61
Wenn mein Kind nicht essen will   80
Wenn Schnecken an Schnecken schlecken   153
Wenn's schneit, wenn's schneit   101
Wenn's warm ist im Sommer   97
Wie das Fähnchen auf dem Turme   33
Wie reiten die Herren?   48
Wo tut's weh? Hol ein bisschen Schnee   105
Wo tut's weh? Trink ein Schlückchen Tee   105
Zehn kleine Fingerlein   23
Zehn kleine Zappelmänner   24
Zehn zahme Ziegen   153
Zicke, zacke, Häschen   78
Zippel, zappel, Fingerlein   25
Zwanzig Zwerge zeigen Handstand   153
Zwei Hampelmänner aus dem Sack   26
Zwei kleine Krabbelhände   25
Zwischen zwei Zwetschgenzweigen   152

LITERATURVERZEICHNIS

Allerleihrauh – Viele schöne Kinderreime. Herausgegeben von H. M. Enzensberger. Frankfurt am Main 1961.

Das große Buch der Kinderreime – Über 400 klassische und neue Verse zum Vorlesen und Mitmachen. Cornelia Nitsch. München 2001.

Das ist der Daumen Knudeldick – Über 500 Fingerspiele und Rätsel. Herausgegeben von Marga Arndt und Waltraut Singer. Ravensburg 1980.

Die Mäuschen krabbeln, sie zippeln und zappeln – Kniereiter, Fingerspiele und kleine Quatschreime. Herausgegeben von Susanne Bertels. Würzburg 2005.

Die schönsten Kinderlieder und Kinderreime. Herausgegeben von Mouche Vormstein und Ernst Klusen. Köln 2003.

Die Wundertüte – Alte und neue Gedichte für Kinder. Herausgegeben von Heinz-Jürgen Kliewer und Ursula Kliewer. Stuttgart 2005.

Fingerspiele – Klassiker und neue Ideen für Babys und Kleinkinder. Bernd Brucker. München 2004.

Fingerspiele und andere Kinkerlitzchen – Spiel-Lust mit kleinen Kindern. Raimund Pousset. Reinbek bei Hamburg 1983.

Ich will euch was erzählen ... – Deutsche Kinderreime. Herausgegeben von Anne Gabrisch. Leipzig 1979.

Kinderlied und Kinderreim – Das große illustrierte Hausbuch. Würzburg 1999.

Kinderlieder und Kinderreime aus alter Zeit. Herausgegeben von Martha Schad. Augsburg 1996.

Lebe glücklich, lebe froh wie der Mops ... Die schönsten Gedichte für die ganze Familie. Herausgegeben von Gerlinde Wiencirz. München 2007.

Lirum, Larum, Löffelstiel. Herausgegeben von Johannes Thiele. Wiesbaden 2005.

Rille, ralle, Gürtelschnalle – Über 300 Abzählreime, Kniereiterverse und Trostgedichte. Thomas Wieke. Stuttgart 2006.

QUELLENVERZEICHNIS

Auer, Martin: *Eins, zwei, drei, vier, sieben* © Martin Auer.

Baumann, Hans: *Am einunddreißigsten Februar* © Hans Baumann Erben.

Boddin, Heidrun: *Schlaf, mein kleines Mäuschen* © Heidrun Boddin.

Bolliger, Max: *Wenn du schläfst* © Max Bolliger.

Brucker, Bernd: *Ei, wer kommt denn da daher?*; *Der sagt: Ich bin mächtig und reich!*; *Das ist das dicke Babettchen*; *Zehn kleine Fingerlein*; *Zippel, zappel, Fingerlein*; *Alle meine Fingerlein wollen heute Vögel sein*; *Die beiden Daumen, dick und klein*; *Fünf Fingerlein schlafen fest.* Aus: Bernd Brucker, „Fingerspiele – Klassiker und neue Ideen für Babys und Kleinkinder" © Wilhelm Heyne Verlag München 2004.

Hannover, Heinrich: *Es war mal ein Nashorn in Bremen* © Heinrich Hannover.

Koch, Franz Josef: *Guten Morgen, lieber Hampelmann* © Franz Josef Koch Erben.

Künzler-Behncke, Rosemarie: *Jeden Abend im April* © Rosemarie Künzler-Behncke.

Maar, Paul:
A, E, I, O, U und *Der letzte Buchstabe* © Verlag Friedrich Oetinger, Hamburg.
Grusel, grusel © Paul Maar.

Nitsch, Cornelia: *Alles mühsam, alles Last*; *Als ich früh erwachte*; *Auf die kranke Wade*; *Auf meinem Schoß ein Kummerkloß*; *Das Krabbeltier*; *Das Tränentier*; *Das Trampeltier*; *Die Bimmelbahn*; *Die Waschlappenviecher*; *Ein lauter Stampfer*; *Eins, zwei, drei, vier, fünf springen hoch im Bogen*; *Ganz allein auf einem Bein*; *Guten Morgen, ihr Finger*; *Hokuspokus Sahnesoß*; *Ich erzähl ein Märchen*; *Kommen die Necker*; *Kommt der Papagei*; *Morgenstündchen.* Aus: Cornelia Nitsch, „Das große Buch der Kinderreime – Über 400 klassische und neue Verse zum Vorlesen und Mitmachen" © Mosaik Verlag München 2001.

Spohn, Jürgen: *Ein Murmeltier zum Murmeltier* © Barbara Spohn.

Stier, Adelheid: *Wenn's warm ist im Sommer* © Adelheid Stier.

Ueckert, Cahrlotte: *Hier wie da* © Charlotte Ueckert.

Wieke, Thomas: *Am Baum, da hängt ein Ast*; *Beinah hätten wirs vergessen*; *Beine hat ein jedes Tier*; *Das A und das B*; *Die Boxer aus der Meisterklasse*; *Eins, zwei, drei, vier,* *fünf, der Storch hat rote Strümpf*; *Eins, zwei, drei, vier, fünf, sechs, sieben, Fußballspielen muss man üben*; *Eins, zwei, drei, vier, fünf, sechs, sieben, acht*; *Ene, mene, Mütze*; *Ene, mene, Wasserfass*; *Hicke, hacke, Hasenlauf*; *Husten, Schnupfen, Heisekeit*; *Ise bise bitzchen*; *Lass dich nur nicht traurig machen*; *Kannst du wieder mal nicht schlafen*; *Sieben Ziegenböckchen*; *Summe, summe, brumm, brumm. Aus: Thomas Wieke, „Rille, ralle, Gürtelschnalle – Über 300 Abzählreime, Kniereiterverse und Trostgedichte" © Urania Verlag in der Verlag Herder GmbH, Freiburg i. Breisgau 2006.*

Der Verlag dankt allen Rechteinhabern für die freundliche Genehmigung zum Abdruck. Leider war es nicht in allen Fällen möglich, die Rechteinhaber ausfindig zu machen. Soweit Autoren- oder Verlagsrechte berührt wurden, bittet der Verlag um Benachrichtigung zur nachträglichen Abdruckregelung.